气象万千苏州河

王承 著

同济大学出版社·上海

图书在版编目（CIP）数据

气象万千苏州河 / 王承著 . -- 上海：同济大学出版社，2023.1
  （城市风景线 / 王承主编 . 徒步上海）
 ISBN 978-7-5765-0442-2

Ⅰ.①气… Ⅱ.①王… Ⅲ.①苏州河－介绍 Ⅳ.① K928.42

中国版本图书馆 CIP 数据核字 (2022) 第 203301 号

气象万千苏州河

王承　著

责任编辑：武蔚 | **责任校对：**徐春莲 | **装帧设计：**完颖

出版发行：同济大学出版社 www.tongjipress.com.cn
　　　　　（地址：上海市四平路 1239 号　邮编：200092　电话：021-65985622）
经　　销：全国各地新华书店、建筑书店、网络书店
印　　刷：上海安枫印务有限公司
开　　本：889mm×1194mm　1/24
印　　张：5 1/6
字　　数：161 000
版　　次：2023 年 1 月第 1 版
印　　次：2023 年 1 月第 1 次印刷
书　　号：ISBN 978-7-5765-0442-2
定　　价：75.00 元

本品若有印装质量问题，请向本社发行部调换　版权所有　侵权必究

序

城市的风景，抛开烦琐的理论探究，大致可以分为两类：一类是时尚的现代都市风光，一类是斑驳的历史遗存风情。前者是当下建筑审美和技术的直接体现，后者则留存着城市的一段记忆，给予我们一份参照。与自然风景不同的是，城市风景是一种人造景观，或者说，是人在自然基底上的有意识创造。城市风景既有建筑、广场、街道这些纯粹的"人造物"，也包含花草、树木、河流这些自然元素，另外，人的活动也是城市风景中不可或缺的组成部分。城市风景随着城市的发展而不断变化，包含各个时代人们对自然的利用、对场所的理解和对自身能力的发挥……这些信息不断累积，才形成城市现在的模样。因此，欣赏城市风景，从某种意义上说，就是对城市过去和现在的阅读。

作为一名研究建筑历史的专业人员和教育者，我经常思考如何能将专业知识用有趣的形式呈现出来。"专业"与"科普"并非泾渭分明的两条不同道路。精细化的研究，不断地产生新的发现，既补充和完善原有的专业理论，同时也为科普提供更多、更新的见解。阅读城市，并非一定要严苛地以学术的标准来辨析和讨论，借助一些观察方法，可以让每个人都饶有兴趣地开启一段漫游城市之旅。这种方法，不是要将建筑或园林专业中的那些理论罗列出来，而是在错综复杂的城市风景中，切出一个个"剖面"，通过对专业理论适当的介绍和解析，帮助更多人化繁为简地去理解和欣赏其中的美好。所挑选的个体，可能与某个时代的风格和技术有关，也可能基于美学上的一些永恒性原则，甚至仅仅是因为它们经受住了时间的考验……尽管这些个体创作的时代不同、形式迥异，但它们显然是城市风貌和特性的组成部分。通过精心设计的步行线路，作者用穿针引线般的叙述建立起这些个体间的关联，从而将城市中散落的片段，串联成熠熠生辉的"风景线"。

漫游城市的过程需要中国传统的那种"游园"精神：用一种从容、悠闲的心态，将多层次而且复杂的场景转化成一段往复折返的线性体验。"游"字本就有"不固定"之意，旨在提醒人们在观赏过程中应该具有开放的观察视角，以便获得随性的个体感悟。

我很高兴看到建筑师全力参与这套城市建筑文化科普丛书的制作。书中既图文并茂地传达了丰富的有关城市和建筑的专业知识，又能给予读者一些有所关联的艺术启发。随着时代的发展，人们的观念和认知角度也在不断发生变化，但基本的专业知识是正确认知的第一步。这套丛书将带领读者用新的眼光去审视那些习以为常甚至是"熟视无睹"的城市角落，这种眼光上的变化，实际意味着意识上的变化。当知识不再被视为高不可攀的、沉重的包袱时，人们将更鲜活地感受到这些近在咫尺的城市风景所拥有的勃勃生机。

玩？白雲就压这蓝天裹。

路东隊

前言

"怎么欣赏上海建筑？"这是我身边非专业的亲朋好友经常提出的问题。建筑是城市不可或缺的组成部分，城市的风景很大一部分也和建筑关联在一起。我们生活在建筑中，每日与无数的建筑擦肩而过，它们的光影与传奇，铭刻成我们对这座城市的认知。

然而，对建筑的认知无法做到一目了然。它为何被设计成这样？建筑的美体现在哪里？时代的发展对建筑有影响吗？建筑细节中蕴含了怎样的历史故事？懂得一些阅读建筑的方法，可以帮助我们更好地欣赏建筑。

这是一本轻松的书，主要关注如何通过阅读建筑的细节和风格来欣赏建筑。同时，我们也要注意到，时代的背景、技术的发展以及人们的观念……都会在建筑上留下印记。因此，欣赏建筑，既是一次艺术的体验，也是对一段历史的回顾。

本书中所记录的 24 栋建筑都位于上海苏州河沿岸。"苏州河"是对吴淞江流经上海境内这一段的别称。自 1843 年上海开埠，因该段河道向西连接太湖，通向当时名扬四海的丝织业中心苏州，外侨在地图中将其标注为"Soochow Creek"，苏州河因此得名。我们从外白渡桥出发，沿着苏州河溯流而上，能看到沿岸美轮美奂的各色建筑。从河口往西到河南路桥短短的一千米，因紧邻黄浦江和外滩，开发较早，也最"西化"，使馆、教堂、戏院、饭店和公寓等鳞次栉比、交相辉映，是近代上海重要的外交、文化和经济区；从河南路桥到恒丰路桥一段，得水运之便而兴起的各种商号和仓库、堆栈密布，它们平整、绵延的体量构成这一带鲜明的街景轮廓；恒丰路桥以西区域则主要被类型多样的工业建筑所占据。

苏州河沿岸建筑的这种变化与上海租界的发展密切相关。开埠前，上海的商业活动集中在老城厢，苏州河并非主要航道。开埠后，苏州河优越的地理位置凸显：1845 年，苏州河南岸建立英租界；1848 年，苏州河北岸开辟美租界；之后，公共租界的历次扩张基本都沿着苏州河向西划入更多的沿岸区域。1899 年，公共租界在苏州河南岸部分的西边界已到今天西康路桥一带，北岸部分的西边界则在今天西藏路桥附近。随着上海商业中心的北移和新的内外贸易发展，苏州河因"通江达海、连接腹地"的航运优势成为内河运输的重要航道，其沿岸也逐渐成为工厂选址的理想地点——中国一大批最早的纺织厂、缫丝厂、面粉厂等都集中开设在苏州河两岸。19世纪末，苏州河上大有舳舻千里之势。"每日小轮船之来往苏、杭、嘉、湖等处者，遥望苏州河一带，气管鸣雷，煤烟聚墨，盖无一不在谷满谷，在坑满坑焉。"这是当时《申报》（1899-08-04）上的一段文字描述。

在老上海的杨树浦、闸北、沪西、沪南四大工业区中，其中两个与苏州河关联紧密。位于苏州河南岸的沪西工业区包括公共租界西区的"叉袋角"（今昌化路桥以东、淮安路以西的苏州河南岸区域）、"小沙渡"（今普陀区东南部，泛指长寿路东段两侧至苏州河一带地区），以及"越界筑路"后的曹家渡，其中开设的工厂很多是当时上海乃至全中国开办得最早、最大的著名企业。位于苏州河北岸的闸北工业区，其范围大致北到柳营河（今柳营路），西到潭子湾，东到沙泾港。因此可以说，苏州河是中国民族工业的发祥地之一。

苏州河在上海辖域内蜿蜒而过，刻下一条独一无二的"纹路"。当我们面对苏州河时，总能体会到远比一条街道或一个片区更复杂的情感。"一条河流不仅流过空间，也会穿越时间。它与宽广的历史潮流交汇，背负着往昔丢弃的遗迹。"（莱恩，2017）今天，苏州河两岸珍贵的历史建筑如同航道上遗留的灯塔，阅读历史积淀下的斑驳印记，可以让我们体会上海那股绵绵不绝的内生力量。

建筑不仅因为自身的独特风格而具有艺术价值，还因为承载着重要的历史文化、寄托着人们的情感而具有人文价值。历史建筑的衰败和重生印证着城市发展的沧海桑田，从而赋予建筑更丰富的内涵。这就是我们阅读建筑的意义。

建筑需要现场体验。现在，就让我们带上书，在城市中徒步，偶尔驻足，阅读建筑。建筑之美将穿越时空，直抵我们内心。

目 录

006　　　序

008　　　前言

012　　　历史建筑徒步线路图

015　　1　Light，Heat，Power
　　　　　百老汇大厦（Broadway Mansion）

019　　2　远东第一大饭店
　　　　　礼查饭店（Astor House Hotel）

023　　3　岬角上的灯塔
　　　　　俄罗斯领事馆（Russian Consulate）

027　　4　青与红
　　　　　英国总领事官邸（British Consulate General's Official Residence）

031　　5　精神的尖塔
　　　　　新天安堂（Union Church）

035　　6　水边小木屋
　　　　　划船俱乐部（Shanghai Rowing Club）

039　　7　转角有戏
　　　　　光陆大楼（Capitol Building）

043　　8　立面上的烟
　　　　　颐中大楼（Yee Tsoong Tobacco Co. Building）

047　　9　铃声叮当
　　　　　英商上海电车公司大楼（Shanghai Electric Construction Co. Building）

051　　10　张灯结彩
　　　　　英商自来水公司大楼（Shanghai Waterworks Co. Building）

055　　11　老派管家
　　　　　公济医院副楼（General Hospital Kitchen Block Extension）

059　　12　远东第一大厅
　　　　　上海邮政总局大楼（Shanghai General Post Office Building）

063	13	远东第一公寓
		河滨大楼（Embankment Building）
067	14	山花的狂欢
		上海总商会（Chinese Chamber of Commerce）
071	15	分与合
		新泰仓库（Xintai Warehouse）
075	16	典雅的大盒子
		怡和打包厂（Ewo Press Packing Co.）
079	17	一叠威化饼干
		中国银行办事所及堆栈（Office Building and Warehouse of Bank of China）
083	18	国殇之歌
		四行仓库（Joint Saving Society Godown）
087	19	丛生的希望
		福新面粉厂（Foo Sing Flour Mills）
091	20	房子与场所感
		张爱玲旧居（Former Residence of Zhang Ailing）
095	21	远东第一面粉厂
		阜丰面粉厂办公楼（Office Building of Foo Feng Flour Mills）
099	22	工业美学
		上海啤酒厂（Union Brewery Ltd. Shanghai）
103	23	远眺的小白塔
		宜昌路救火站（Yichang Road Fire Station）
107	24	压铸的光晕
		中央造币厂大楼（Shanghai Central Mint Building）

110	名词解释
119	参考文献
121	致谢

历史建筑徒步线路图

本书设定的徒步历史建筑观光路线位于上海的母亲河——苏州河两岸。24栋功能各异的近代建筑如航道上的灯塔,呈现着近代上海风云变幻的历史中苏州河独有的万千气象。

① 百老汇大厦
② 礼查饭店
③ 俄罗斯领事馆
④ 英国总领事官邸
⑤ 新天安堂
⑥ 划船俱乐部
⑦ 光陆大楼
⑧ 颐中大楼
⑨ 英商上海电车公司大楼
⑩ 英商自来水公司大楼
⑪ 公济医院副楼
⑫ 上海邮政总局大楼
⑬ 河滨大楼
⑭ 上海总商会
⑮ 新泰仓库
⑯ 怡和打包厂
⑰ 中国银行办事所及堆栈
⑱ 四行仓库
⑲ 福新面粉厂
⑳ 张爱玲旧居
㉑ 阜丰面粉厂办公楼
㉒ 上海啤酒厂
㉓ 宜昌路救火站
㉔ 中央造币厂大楼

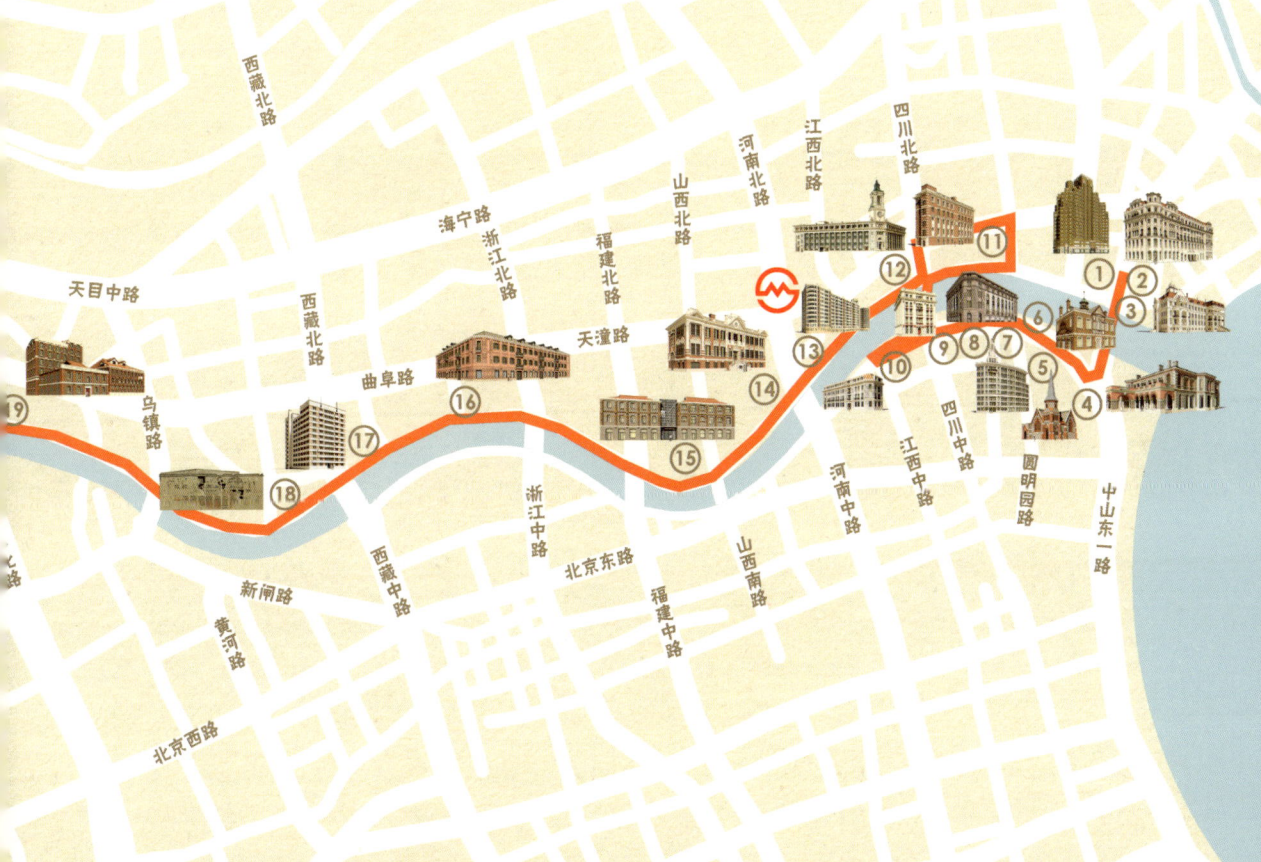

1

Light，Heat，Power
百老汇大厦（Broadway Mansion）

地址：北苏州路 20 号
建成时间：1934 年
设计：业广地产公司

苏州河北岸原来是美租界，1863 年美租界和英租界合并为公共租界。百老汇路（今大名路）筑于 1864 年，是该地界最早建设的马路，也是当时最主要的马路之一。由于大楼地处百老汇路的端头，故名"百老汇大厦"。

76.7 米高的百老汇大厦是苏州河北岸当之无愧的地标性建筑，从城市天际线[1]来看，它也正好是上海外滩建筑群的迷人的尾声。因为可以有足够的余地隔河观望，这栋摩天大楼不会显得咄咄逼人，它那两翼微微张开的姿态，像是要兜留外滩溢出的风景。逛完外滩来到外白渡桥边，以这栋俗称"廿四层楼"（地下 2 层，地上 22 层）的建筑为背景拍照留念是无数观光者的必选节目。从建成之日起，它就无可争议地代表着这座城市最"摩登"的一面。当太阳下了地平线时，站在外白渡桥上"向西望，叫人猛一惊的，是高高地装在一所洋房顶上而且异常庞大的霓虹电管广告，射出火一样的赤光和青燐似的绿焰：Light，Heat，Power"（茅盾，2002）。20 世纪 30 年代，百老汇大厦顶上的"光""热""电"，不仅带给人无穷的惊叹，更象征着西方现代性的影响力。

"摩天大楼是城市身份、重生与对社会进步之良性本质的信仰的象征。"（克鲁克香克，2020）无可否认，摩天大楼那种高耸入云的形象具有极震撼的视觉效果，是 20 世纪新潮的建筑艺术表现形式；但与此同时，突兀的摩天大楼对低矮的传统建筑的冲击，也使很多人感到隐忧和厌恶，"摩天大楼是经济创新的最新成果……这些庞然大物纯粹是市场的产物，睁着成千上万只木然的眼睛"（克鲁克香克，2020）。

百老汇大厦于 1930 年奠基。1932 年，日本海军突袭上海闸北，"一·二八"淞沪抗战爆发。受战争影响，该大厦直到 1934 年才落成开业。1935 年，两架飞机从苏州河上空掠过，年轻的美国摄影师拍下百老汇大厦的俯瞰照片，照片中，在周围一片灰暗的色调中，该大厦白得有些刺眼，虽"鹤立鸡群"，但也尽显落寞——当时一河之隔的苏州河北岸还远没有南岸繁华。该大厦的投资商是英侨在上海创立的第一家股份制房地产企业——业广地产公司，公司曾预计在十年内可以收回成本。然而，1937 年卢沟桥事变，"八一三"淞沪抗战（又称"第二次淞沪抗战"）打响，鏖战两个月后，日军凭借强大的火力突破中国军队的防线，上海告陷。1939 年，百老汇大厦被迫贱卖给日本恒产株式会社，短暂的辉煌似昙花一现。抗日战争胜利后，大厦成为"励志社"的招待所。1951 年 5 月 1 日，陈毅市长将百老汇大厦更名为"上海大厦"，主要用于接待国家领导人和外国贵宾；20 世纪 80 年代，上海大厦对社会开放，是沪上著名的老饭店之一。

❶ 该大厦最主要的特点是不断变化的形体组合，特别是从第十一层起逐段收缩的造型处理，有效避免了因建筑过高引发的呆板状态，并塑造了向上的动感。

❷ 建筑中轴对称，两翼展开成八字形，这种布局让建筑从各个角度看过来都显得比较稳重。

❸ 外墙全部使用上海泰山砖厂生产的泰山牌饰面砖[2]，这是一种当时非常流行的外墙材料。

❹ 在顶部和檐口处，有圆形与矩形组合的细部装饰，与隔路相望的浦江饭店（原名"礼查饭店"）的古典装饰形成强烈反差。

❺ 窗户中间细细的竖向线条，这是一种弱化的装饰艺术派[3]设计手法。

这里是外滩的最佳观光点。周恩来、陈毅、江泽民、朱镕基等党和国家领导人都曾陪同外国贵宾在此俯瞰上海市容。

2

远东第一大饭店
礼查饭店（Astor House Hotel）

地址：黄浦路 15 号
建成时间：1910 年
设计：新瑞和洋行

  礼查饭店（现名"浦江饭店"）是上海近代城市发展史的鲜活见证。1846 年，英商礼查（Peter Felix Richards）看到商机，在今金陵东路外滩附近兴建礼查饭店（旅馆），西文名为"Richards' Hotel and Restaurant"，这是当时上海乃至全中国的第一家西商饭店。1857 年，饭店移址新建到现在位置，改名为"Astor House Hotel"，中文名仍称"礼查饭店"，作为沪上有名的最时髦、最现代的场所而名噪一时。初时仅为一栋两层外廊式的建筑，1905 年又建造一幢砖木结构的 5 层大楼（今金山大楼，金山路 43 号）。1906 年，因为新建外白渡桥的引桥较长，礼查饭店让出部分土地，用获得的补偿款拆除两层老楼，委托新瑞和洋行设计新楼，并于 1910 年建成。在 20 世纪 20 年代前，这栋楼一直是虹口区最雄伟的建筑。

  相比中国的传统客栈，礼查饭店带来的是西式现代化的住宿感受：1882 年，中国第一批电话首次在礼查饭店安装，客人从此可以便捷地与外界保持联系；同年，中国的第一盏电灯在礼查饭店亮起，从此"夜间灯火辉煌，仿佛城开不夜"（黄式权，1989），各种娱乐活动随之夜以继日地展开；1883 年，礼查饭店的所有客房里已装配电铃，"每有使令，但掣其铃，即有仆人奔至"（黄式权，1989），这种服务的即时性是传统客栈无法比肩的；1908 年，半有声电影亮相国内的"首秀"在礼查饭店举办，从此这里又增添了一项时髦的休闲娱乐项目……诸多的"第一"，标榜礼查饭店是当时上海乃至远东的"第一流饭店"毫不为过。1917 年，后来担任《密勒氏评论报》主编的鲍威尔（John B. Powell）刚来上海就看到："饭店的中央，是一个宽敞的厅院，晚上交响乐队常常在此演奏。晚上 8 点起，穿得衣冠楚楚的客人下来进餐，这时，你可以看到这个港口城市的大部分外国头面人物……"（鲍威尔，2010）

  由黄浦路、大名路、金山路围合的地块内的建筑原都属于礼查饭店——多个单体建筑组合而成的建筑群。它们风格各异，体现出不同时代的建造差异。1922 年，饭店大厅部分进行改建，改建后的孔雀厅（Peacock Hall）宏伟、精美，可以容纳 500 人，有"上海第一舞厅"之誉，其浓烈的新艺术运动[4]风格极为耀眼。

  19 世纪末到 20 世纪初，随着西方各种文化思潮的涌入，越来越多的欧洲本土建筑风格被移植到上海。礼查饭店与 1907 年建成、由玛礼逊洋行设计的汇中饭店（中山东一路 19 号，今和平饭店南楼），正是那个历史时段上海旅馆建筑的巅峰之作。

礼查饭店的"入住名人榜"可谓是光辉灿烂：1879年，美国总统格兰特（Ulysses Simpson Grant）入住；1920年，哲学家罗素（Bertrand Arthur William Russell）入住；1922年，大科学家爱因斯坦（Albert Einstein）入住；1931年，著名记者兼作家埃德加·斯诺（Edgar Snow）入住；1931年与1936年，喜剧大师卓别林（Charlie Chaplin）两度入住……

❶ 外墙原为红砖[5]清水砖墙[6]。20世纪10年代之后，上海建筑流行外墙水刷石[7]做法。受此影响，礼查饭店在后来的改造中，在清水砖墙外覆盖了一层水刷石饰面。对比历史照片，这种改变似乎让这栋建筑多了几分沉重感。

❷ 转角上方原来有一座塔楼，是外白渡桥的端景，现已不存。

❸ 正立面第三、四层原来是爱奥尼巨柱式[8]。现有柱头是后期改造的简化版，具体改造年代不详。

❹ 在宽阔的建筑立面上用柱式重复形成韵律感，呈现出古典复兴建筑[9]风格的影子。

❺ 转角的圆筒壁柱上原镶有灰泥花饰，可以达到强化建筑转角的装饰效果。

❻ 旧时，礼查饭店的餐厅设置在顶楼，那里是观赏黄浦江和苏州河的绝佳位置。

3

岬角上的灯塔
俄罗斯领事馆（Russian Consulate）

地址：黄浦路 20 号
建成时间：1916 年
设计：汉斯·埃米尔·里勃

  自 1845 年英租界在苏州河南岸建立后，多个国家的侨民到此定居。1846 年，美国领事吴利国（Henry G. Wolcott）在设于福州路外滩旗昌洋行内的领事馆里升起美国国旗，引发英国人的强烈反对。英国人甚至胁迫上海道台同意将"准英商租界内，除悬挂英国国旗外，他国人均不得悬挂本国国旗"补入《上海租地章程》中。这次"升国旗事件"导致之后很长一段时间里，多国政府驻沪机构都不愿设在英租界，而选择设在苏州河北岸的美租界中，例如 1852 年，西班牙领事馆就设在今长治路上。当时各国驻沪机构分布最密集的区域在外白渡桥东面的黄浦路上。这条与苏州河平行的小路，长仅几百米，却早在 19 世纪 50 年代就已建有德国、奥地利、美国、丹麦、葡萄牙等国领事馆，后来日本、挪威、俄罗斯等国也选择在此建造领事馆，堪称上海的"东交民巷"。

  俄罗斯领事馆所在位置原是黄浦路最西端的一处花园，该建筑于 1916 年 10 月竣工，一跃成为黄浦江与苏州河交汇口的地标性建筑。为配合楼前江面那份碧波荡漾的柔美，建筑不对称地展开，形体间采用弧形的过渡，似有被水流经年累月冲刷后的圆滑。屋面很鲜艳，一排不大的老虎窗像是建筑竖起的小耳朵，凝神聆听着荡过江面的风声和水声。屋顶露出礁石般矗立的烟囱。最特别的是，有一个瞭望塔偏着从屋顶上的一侧长出来，这构图就像是古典油画中常见的那种——海岸边岬角上的灯塔，孤独地兀立在画面的角落，却是辽阔的海面上不可缺少的一个点。

  该领事馆建筑的历史充满戏剧性：大楼建成后不久，1917 年俄国爆发"十月革命"，沙皇政权倒台，俄罗斯（帝国）领事馆被撤销，降级为俄侨通商事务所，从此楼搬出，迁至苏州河南岸的新天安堂，协助处理在上海的俄侨事务。1924 年，苏联与中国建交，这栋建筑也顺理成章地成为苏联领事馆。然而之后，命运多舛，因为中苏关系变化和战争等多种原因，该馆多次被关闭后再启用……如今，这栋建筑的官方正式名称是"俄罗斯联邦驻上海总领事馆"。

建筑毗邻江边,而且要筑半地下室,施工难度很大,由建造礼查饭店的周瑞记营造厂承建此工程。

❶ 建筑为假四层混合结构,以高出地面的半地下室作为基座,在比例上略有欠缺。1962年8月,台风引起的大潮冲毁防汛墙,在历经1963年、1974年、1984年多次修复和加高防汛墙的工程之后,如今的建筑看上去像少了一层。

❷ 红色的孟莎式屋顶[10],在沿江的建筑中非常显眼。

❸ 虽是俄罗斯领事馆,但这栋建筑的俄罗斯风格并不显著,细部装饰上呈现简化的巴洛克风格[11]。

❹ 从东西两个不同造型的敞廊[12]设计可以看出,建筑师有意将建筑做成不对称式。这在领事馆建筑的设计中是不常见的。

❺ 塔楼上方留出一圈平台,用于瞭望。可能是受到当时建造技术的限制,造型上略显笨拙。

青与红

英国总领事官邸（British Consulate General's Official Residence）

地址：中山东一路 33 号

建成时间：1884 年

设计：博伊斯

这栋楼是苏州河沿岸留存下来为数不多的 19 世纪的建筑之一。上海开埠后，英国首任驻沪领事巴富尔（George Balfour）选中这处原来叫作"李家场"的地方，在一片杂草丛生的低洼泥滩中建造起第一代英国领事馆，当时的上海尚没有单独的外国领事官邸。1870 年 12 月的一场大火烧毁了这座建筑；1872 年，英国领事馆重建，并于次年落成；1880 年，此处升格成英国驻沪总领事馆。两年后，总领事官邸毗邻总领事馆落成。

英国总领事官邸虽地处苏州河和黄浦江交叉口的绝佳位置，但没有丝毫志得意满、睥睨桀骜的神情。实际上，它远远地退在道路后面，平静得仿佛与外滩的喧闹、繁华无关。"房子的前面，上下层都有洋（阳）台，以便旁（傍）晚时可以闲坐着，喝喝威士忌，望望黄浦的景致。"（霍塞，1941）你能从这段文字想象到当年那些涌进上海的外国"淘金客"们坐在廊下阴影中的惬意样子，外廊默然地围成一道界定内外的屏障。

这便是"殖民地外廊式建筑"，它是西方建筑文化在上海的最初呈现。这种建筑形式来自英国在印度、东南亚等殖民地建造的建筑样式，所以在有些书上也被称为"英国殖民地式"。建筑在一个或多个面上布置外廊，立面采用拱廊[13]或柱廊[14]的形式。这是一种东、西方建筑的折中。外廊既能有效避免阳光直射进室内，又能保证室内通风良好，这本是为适应热带气候而创造的一种形式，因此并不适合上海。大概从 19 世纪 70 年代开始，这种建筑样式就开始逐步发生变化。在这栋建筑上，外廊虽然还是立面的主要形式语言，但是大量的装饰细节开始出现，材料的色彩拼接也更加丰富，这些变化给建筑带来了生动的"表情"。

难能可贵的是，在这栋建筑上还保留着建造技艺与材料转变的时代痕迹。当时的本地工匠还没有完全掌握西方建筑建造的做法，因此在柱头、栏杆、过梁[15]等细节上，西方古典样式都遭遇或多或少的"走样"。例如在石刻雕花上，既有西方的茛苕叶饰[16]，也有中式的花卉图案，而最显著的则是红砖与青砖两种材质的强烈对比。所有这一切，都成为西方建筑形式在上海经历的漫长融合过程的生动见证。

"苏松要害在上海,上海要害在黄浦,黄浦要害在吴淞所,吴淞所要害在李家口。守李家口以柜贼上游,守黄浦口以遏贼横冲。"李家口,即李家庄、李家场。清嘉庆《松江府志》中的这段话清晰地点明了英国领事馆所在位置的重要性。

BRITISH CONSULATE, SHANGHAI 1936.

❶ 各种拱券形式的混杂使用,显示出当时对建筑风格的运用不拘一格。

❷ 这个柱头上雕刻的梅花图案完全采用了中国传统的构图和技法。

❸ 这个变形的科林斯柱头上有涡卷,也有茛苕叶,但在整体比例和观感上与标准的科林斯柱式[17]相差甚远。

❹ 石材采用宁波产的青石。这种石材质地较软,便于雕刻,在当时的上海经常与清水砖墙结合使用。

❺ 这条"Z"字形上下两层的连廊是近些年新建之作。

❻ 入口上方原有一对石狮雕塑,现已不存。

5

精神的尖塔
新天安堂（Union Church）

地址：南苏州路 103 号
建成时间：1886 年建成，1899 年扩建，1901 年翻建，2009 年重建
设计：道达洋行

1864 年，英国传教士麦都思（Walter Henry Medhurst）在"麦家圈"（Medhurst Circle，今山东中路-福州路一带，是早期外侨的活动中心之一）建造了一座基督教堂——Christian Church，并取了一个富含吉祥寓意的中文名"天安堂"。19 世纪末，由于前来礼拜的人数增多，天安堂容量不足，1886 年，传教士公所在此处另建新堂，取名"新天安堂"，英文名为"Union Church"（直译为"联合礼拜堂"）。这是一座不分教派和国籍的联合教堂。新天安堂经过几次改扩建，最终在 1901 年形成由教堂、会堂、牧师公寓组成的建筑群。

做礼拜是外侨社会生活的重要组成部分，当时除英国安立甘会的侨民在圣三一教堂（九江路 201 号）礼拜外，其他侨民都在新天安堂礼拜，新天安堂因此成为上海外侨重要的公共活动场所，而这一地区也逐渐成为新的城市中心空间。带有小广场和高耸塔楼的教堂的出现，带来与中国传统空间不同的景象，"无论是屋顶还是宗教都是终极的顶点，它在封闭一个空间的同时，也将这个空间跟其余的空间分隔开来，跟天空、跟高度、跟世界咄咄逼人的无边无际分隔开来"（托卡尔丘克，2017）。心理的慰藉无疑对上海外侨起到了良好的安定与凝聚作用。

19 世纪初期的英国教会经历过一次建筑信仰的复兴，"主张哥特式不仅是基督教建筑唯一纯净的形式，而且是最具有启蒙意义的文化"（郑时龄，2020），即把对哥特建筑 [18] 风格的回归看作是向正统基督教回归的明证。从那时起，哥特复兴建筑 [19] 风格成为基督教新教建筑的主流，这个潮流一直持续到 19 世纪末，其影响波及上海。哥特复兴建筑可以看作是古典复兴建筑的对照，在近代上海主要用在教堂建筑中。

1899 年扩建后的新天安堂，西半部有演讲大厅、主日学校等（后在圆明园路拓宽时被拆）；东半部在 2007 年 1 月的火灾中被毁，2009 年按原图纸重建。现存的新天安堂是几个时代磨砺后的产物，它曾经的历史和辉煌是上海近代发展史的明证。

1920年，英国哲学家罗素曾在新天安堂中演讲。著名的徐家汇天主堂（1910年建成）也是道达洋行的设计作品。

❶ 五联尖券[20]窗中间的砖条被压缩得非常窄，窗户上部有一条凸起的拱檐线脚[21]，这是英国早期哥特建筑（1170—1280）的典型做法。

❷ 主入口在塔楼底部，穿过塔楼即可进入教堂。整栋建筑模仿早期哥特教堂中堂与塔分离的布局方式。尖券形的门道、交替排列的圆形线脚和深凹槽线装饰形成强烈的纵深感。

❸ 哥特复兴建筑并非哥特建筑的直接翻版，它融合了当时流行的多种建筑细节，例如山墙上部这种叠涩[22]砖雕的形式，就是英国维多利亚建筑[23]中常见的做法。

❹ 坡屋面有利于雨水的排放，但此处非常陡峭的坡顶更多出自宗教建筑的精神意义。

❺ 立面采用青砖做底、红砖镶嵌的清水砖墙做法。扶壁[24]、拱券、砖雕等部位都使用红砖，以突出风格的主要细部要素。

❻ 33米高的塔楼是当时苏州河南岸的制高点，成为从苏州河进入黄浦江前的醒目标志。

6

水边小木屋
划船俱乐部（Shanghai Rowing Club）

地址：南苏州路 76 号
建成时间：1905 年
设计：玛礼逊洋行

划船运动是英侨在上海开展最早的体育活动之一，1846 年就举行过上海到吴淞的划船比赛。19 世纪 60 年代，各种体育和社交性的外侨俱乐部在沪上发展起来，划船俱乐部（亦称"赛艇总会"）是其中重要的一个。在很长一段时间里，它几乎是上海唯一不允许在场所内喝醉酒的俱乐部，作为外侨的社交活动场所，这种特立独行的自律显得尤其难得。俱乐部的正规化让赛事的竞争性迅速得到提升，也使划船运动从业余的娱乐转变为真正的竞技。在黄浦江和苏州河上，各种划船比赛频繁举行。每年春秋季各一次的常规比赛，成为这个城市的盛会。

划船运动与中国民俗中的赛龙舟看起来颇为相似，有"古人水嬉之遗意"（《申报》，1872-10-28），因此每次比赛中西观者如堵，拥挤异常。《申报》在 1872 年创刊当年就曾几度报道划船赛事。随着时间的推移，国人逐渐被这种运动展现出的力量与技巧之美所吸引，到 1901 年，开始有华人赛手参加比赛。客观来看，划船俱乐部对这座城市乃至中国的赛艇运动起到了启蒙的作用。

出于赛艇停放和下水便利性的需求，划船俱乐部原是一组临水的建筑，由会所、船库和游泳池组成，今日仅存会所和游泳池的入口门头。与划船运动的热情和活力相对比，这栋小小的会所是一副恬静的乡村派头，而建筑的轻松自在，似乎暗示着这种运动所代表的生活闲暇的一面。这是局部带有都铎复兴建筑[25]风格的一栋小楼，与早期在上海流行的殖民地外廊式建筑相比，以露明木构架为特征的立面显然带有更多的英国乡村气息，流露出英侨对遥远家乡的怀念。

划船俱乐部紧邻新天安堂，是 21 世纪初上海启动的"外滩源"重大工程项目的组成部分。所谓"外滩源"，不仅指这片区域是"外滩发展的源头"，而且意味着这里是上海这座现代化城市生长的起点。1904 年 9 月，会所与船库开幕；1905 年 7 月，会员训练用的室内游泳池建成。"清洁近乎敬虔"（Cleanliness is next to Godliness），在游泳池的启用仪式上，俱乐部负责人皮尔斯（E.C.Pearce）不无幽默地说："为了将这个理论付诸实践，泳池被布置在善良的教堂旁边。"（《北华捷报》，1905-07-21）

❶ 建筑原是一栋主楼带两翼的布局,会所东侧是船库。船库在其北面的苏州河水面上设有平台和码头,供赛艇下水用。

❷ 会所西侧原建有 25 米长规格的室内游泳池,是继跑马场上海首个室内游泳池之后的"第二"。墙上遗留下来的构架痕迹,清楚地记录着原建筑屋顶的结构形式——单跨(跨度约 15 米)带天窗的木屋架。

❸ 这种露明木构架,也称为"半木结构",是工艺美术运动[26]中的建筑师从乡土建筑词汇中挑选出来的细部做法之一,也是都铎复兴建筑的标志性特征,大概也是当时英侨心中"家"的符号。

❹ 凸肚窗[27]有形象上的独特性,有意与其他窗形成反差,从而强化主入口的标识性。

❺ 总体来说,该建筑是多种风格的混合体,例如顶上有巴洛克风格的望亭。

❻ 高耸而夸张的烟囱,增添了建筑的乡村风味。

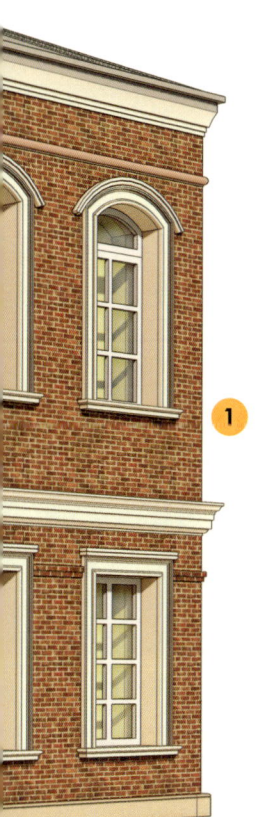

1893 年,上海开埠 50 周年之际,黄浦江上举行中国龙舟与西方赛艇的比赛,这项带有表演性质的比赛后来成为每年端午节沪上的固定节目,直到民国初年才停办。

7

转角有戏
光陆大楼（Capitol Building）

地址：虎丘路 146 号
建成时间：1928 年
设计：鸿达洋行

"我看不出为了戏院里的观众和楼上居民的安全，怎样能够达到建筑构造[28]使人感到满意的地步。"工部局负责消防管理的火政处官员对鸿达洋行提出的设计申请严词拒绝。这个项目的特别之处在于光陆大楼的业主斯文洋行计划在大楼底部设置一座约有 1000 个座位的戏院，而这严重违反工部局在 1916 年颁布的《关于戏院等之特别规则》中的相关规定。

由于戏院和电影院中人员密集，一旦发生火灾事故影响重大，因此工部局明确要求"该项房屋不得建造于其他任何房屋之下，或其顶上"。也就是说，观演类的建筑必须独立建造。20 世纪 20 年代的上海，建设用地日益紧张，老规定与现实需求间的矛盾日益加剧；而在当时的美国和欧洲，已不乏观演功能与办公、居住等功能同处一幢大楼内的建筑实例。鸿达洋行援引大量实例，以证明自己的设计符合国际上的通行做法。经过几个月的论证，工部局最终被成功说服，并就此修改规定，给鸿达洋行的设计申请放行。这场定格在 1925 年展开的论证和之后光陆大楼的竣工，成为上海观演建筑的一次革命性飞跃。光陆大楼是上海第一座将戏院放在办公 + 公寓大楼内的建筑，这在以后也鲜有成例。

建筑沿着街道形成一个弧面形态。在内部，一层、二层是戏院，三层、四层是办公区，五层及以上为公寓。这种把小单元房间叠放在大空间上的布局对建筑结构提出了很高的要求，颇具挑战性；而复杂的内部空间并不显山露水，一切都被"收纳"在简洁的建筑外立面之内。在当时，这些无疑极具创新意义。

大楼内部的光陆大戏院是 20 世纪 20—30 年代上海六家第一流的观演场所之一，其建筑设备[29]堪称当时的翘楚。大戏院的广告中称："炎夏有传冷器，不啻一剂清凉散。隆冬有传热器，合座若登春台。"除了空调，还有新风系统，让戏院"虽四面无窗，上无风穴，而空气永不感受恶劣"。另外，大戏院的灯光设计也独具匠心，长管电灯被嵌入天花板的夹层中，"全场不见一灯，而光线明耀之中，兼具幽邃之致"。

因为经营不善，1929 年，光陆大戏院被远东游艺公司收购，增设有声电影设备，专映派拉蒙（Paramount Pictures, Inc.）的有声对白片。1933 年，光陆大戏院被兰心大戏院收购作为其分院。想当初，正是传言此地南侧的兰心剧院要被迁建到法租界，附近没有了演艺场所，斯文洋行才决定在光陆大楼中嵌入一座戏院来补缺。历史在此上演了一次有趣的轮回。

1933年12月23日，鲁迅在日记中写道："午后同广平邀冯太太及其女儿并携海婴往光陆大戏院观儿童电影《米老鼠》及《神猫艳语》。"

❶ 立面上宽窄交替的竖向线条塑造出上升状的立面单元，但两条很宽的水平向装饰带"压制"了这种动态。只有到艺术装饰派风格的成熟时期，竖向线条才会真正得到解放。

❷ 转角的设计处理与礼查饭店有很大不同。自20世纪20年代中期起，上海的建筑风格逐渐趋于简化，沿道路转角的体量重新融入建筑整体之中。为凸显建筑主入口的重要性，与入口对应的屋顶上竖起了一座高高的塔楼。在原设计中，塔楼顶部甚至还有一座大理石女性雕像，体现了建筑师的"巴黎情结"。

❸ 在原设计图纸中，主入口上方的窗间饰板中有人物浮雕，具有浓烈的装饰效果。

❹ 这个简化的柱头几乎将西方古典柱式的所有细部完全抛弃。

❺ 每层窗下墙的方形几何装饰都有所不同。这种处理方式与东亚银行大楼（鸿达洋行设计，1927年建成，四川中路299号）十分相似，从中可以看到其建筑设计手法间的关联性。

❻ 受限于基地面积和周边环境条件，当建筑内部功能的复杂性呈现在这个建筑沿街弧面上时，原设计有10个出入口，包括戏院的5个、办公的2个以及南侧通道里的另外3个。

8

立面上的烟
颐中大楼（Yee Tsoong Tobacco Co. Building）

地址：南苏州路 161—175 号

建成时间：约 1908 年（1925 年、1940 年改建）

设计：恒孚洋行

在光陆大楼这样"高技派"的综合楼出现之前，将居住、办公与仓储功能结合一处的建筑存在已久。上海开埠之初，外滩最早的一批建筑就是如此；不过，由于当时的建筑用地相对很宽裕，仓储与其他小空间功能可以分设在不同的楼里。及至 20 世纪初，外滩区域的地价飞速上涨，大小不同空间需求的功能逐渐被"挤压"到同一栋建筑中，而此时现代框架结构[30]的广泛应用无疑十分契合这种"挤压"。更加开敞的室内空间、更加灵活的空间分隔，建筑可以更加自由地根据实际需要进行空间配比的调整。颐中大楼就是其中的一个典型。

1902 年，由英美合资的英美烟公司 (British American Tobacco Co., Ltd.) 在伦敦成立，同年在南京路 9 号设立上海分公司，接收并改组之前的英美烟草销售、生产企业，形成以上海为中心的卷烟销售网，成为当时中国最大的烟草公司。颐中大楼就是当年的英美烟公司大楼。1934 年，在华的英美烟公司改组为"颐中烟草股份有限公司"（Yee Tsoong Tobacco Co., Ltd.），大楼随之更名。

该大楼最初只有四层高，沿着苏州河分成三部分——办公区和两处仓库，每部分之间用承重砖墙进行分隔，以防止火灾的蔓延。20 世纪 20 年代，业务量的增大使办公空间日益捉襟见肘，于是建筑被改造——不但加建了一层，建筑内外也装修一新。沿街的东立面和北立面上，棕色和奶油色的外墙涂料格外鲜亮，赋予建筑明快而现代的色调。立面上虽然也有严谨的古典元素，但在气质上，它们更像是"绑"在建筑上的装饰彩带。外墙上最醒目的元素是那些连通两层的券形窗框，在奶油般的背景色衬托下，就像一根根醒目的雪茄，使得整栋建筑突然有了一种不羁的神情。1940 年，改组后的颐中烟草公司对这栋大楼再改造，去除了效益不高的仓库功能，拆除了防火用的砖隔墙，将建筑全部用作办公，并充分利用当时的建筑技术条件，对这栋大楼进行了结构加固和设备的现代化更新，同时增设了两个天井，以改善建筑内部的采光条件。这栋距今已有百年历史的老建筑不断应需而变，并在"变"中获得一次次重生。

1921年七八月间,刚刚创建的中国共产党领导了上海第一次有组织的大罢工——上海英美烟公司的工人大罢工。

❶ 这些气窗仍然残留着当时作为仓库的痕迹。

❷ 可能是受到原建筑功能和结构的限制,建筑的开窗面积有限,因而显得比较封闭。

❸ 建筑总体是现代的,但其檐口的设计非常复古,包括飞檐托饰[31]、凸圆形线脚[32]和齿饰[33]等,几乎照搬了古典科林斯柱式建筑的檐口层次。

❹ 建筑在转角处的退让面积很少,这是上海近代建筑建造年代较早的表现。在后期的管理中,工部局针对道路转角建筑的退让问题提出了更加高的要求。

❺ 十分重视广告宣传的烟草公司当年在建筑底层设置了用以展示商品的大橱窗。

9

铃声叮当
英商上海电车公司大楼（Shanghai Electric Construction Co. Building）

地址：南苏州路 185 号
建成时间：1918 年
设计：美昌洋行

上海是国内最早开通电车的城市。早在 1881 年，当世界上制造出第一辆有轨电车的时候，怡和洋行就提议在上海引进，然而提议兑现还是延迟到了 25 年后——1906 年 4 月，公共租界的有轨电车工程开工。由于 1899 年公共租界扩界成功，租界从东端杨树浦到西端静安寺，距离长达十几千米，传统人力车的运力明显不济。于是，在叮叮当当的铃声中，电车作为现代化的交通工具登上时代的舞台。

1907 年 10 月，英商上海电车公司成立。1908 年 3 月 5 日，从静安寺至广东路外滩的上海第一条有轨电车线路通车，全程约 6 千米；同年 12 月底，有轨电车线路增加到 8 条；1914 年 11 月，无轨电车在上海开通。至此，公共租界的主要道路上已形成一个完整的电车线路网，极大地提升了城市公共运输的能力。到 1921 年，有轨与无轨电车的载客量合计约 1.2 亿人次，是 1908 年的 22 倍。另外，工部局可在半夜 12 点到次日凌晨 5 点的时间段内，支付特别低的车费，使用电车运输各类物资和从事环卫工作。因此，便利的交通不仅提高了出行效率、改变了人们的空间和时间观念，还提升了城市的管理水平。

近代上海，除摩天大楼外，电力与小汽车两个新事物也特别能激发人们的想象——前者代表无穷的能量，后者则象征速度与效率。这正是现代化带给大众最直观的感受，而电车恰好完美地结合了这二者。"暮霭挟着薄雾笼罩了外白渡桥的高耸的钢架，电车驶过时，这钢架下横空架挂的电车线时时爆发出几朵碧绿的火花。"（茅盾，2002）在眼光敏锐的作家笔下，电车俨然是摩登城市的重要象征物。

电车以其"稳固安全，而且价廉合用"成为"近代都市的交通利器"（《时事新报》，1934-01-06）。与电车给社会带来的巨大影响相比，英商上海电车公司大楼却朴素低调到令人惊讶：建筑虽然有五层高，却没有逼人的气势；窗户整齐而简单；壁柱上挂着有些单薄的花环饰[34]；连通常建筑上最具炫耀性的阳台似乎都做得有些马虎；而最让人费解的是，主入口的形象一点都不突出，只有四根细细的爱奥尼壁柱，顶起窄窄的横楣，上书"TRACTION HOUSE"（牵引屋）。一切仿佛要刻意遮掩一个事实——这里驻扎着一家在上海近代城市交通史上起到举足轻重作用的公司。

外白渡桥原是一座木桥,因为要通电车,才改建成钢结构的桥。这项工程开始于1906年8月,完成于1907年12月底。

❶ 在这块长方形的用地上,因为南端要设置应急停车库,因此建筑四周都有环道。

❷ 这种涡卷铭牌常贴在墙上或镶嵌在墙内,通常上面有刻字或雕花,用于纪念特殊事件或仅作为装饰。

❸ 组成平券[35]的石块被勾缝勾勒得鲜明、突出,是这栋建筑上唯一显得有些张扬的立面细节。

❹ 非常简化的爱奥尼柱式,除涡卷这一标志性的特征外,其他古典细部都被省略。

❺ 最初建筑只在四楼设有一处观景的小阳台,可见当时观赏苏州河景并不是设计的重点。后来,在二楼、三楼的同样位置增设了阳台。

10

张灯结彩

英商自来水公司大楼（Shanghai Waterworks Co. Building）

地址：江西中路 484 号
建成时间：1922 年
设计：公和洋行

传统上，近代上海居民的生活用水一直取自水井或江河，随着人口的激增，水质污染也日益严重。一名葡萄牙人在书中记录道："在上海生活是异常艰难的。他们日常使用的江水是用明矾净化出来的，这会产生 1/20 的沉淀物。"（裘昔司，2012）为解决饮水质量问题，1880 年 11 月，英商上海自来水公司成立。1881 年 8 月，杨树浦水厂开始建设，并于 1883 年 6 月完工并投入使用，这是中国第一座现代化水厂。由于水厂在苏州河北岸，而公共租界大部分在河南岸，供水管道沿着江西路桥（1942 年被拆除）过河。为保证自来水足够的输送压力，公司在江西中路 - 香港路口建造了一座高 31.5 米、容量 682 立方米的水塔，可为租界内普遍只有三四层高的建筑持续供水。这成为当时上海规模最大的市政项目。

发展公用事业是上海近代市政建设的一项重要内容。相比电车公司，工部局在对自来水公司的管理上要求更多的控制权，要求公司每年净利润不得超过资本的 8%，超过部分须分给当年公共租界的住户；而自来水公司董事会也决定"以其所获利益之大部仍行投资于本公司"（《申报》，1920-07-25）。以上举措促使公司的供水能力不断提高，事实上到 1931 年，上海自来水公司的供水能力已达到远东第一。

同样位于江西中路 - 香港路转角的自来水公司大楼曾与赫然耸立的水塔一起，成为苏州河边一道著名的景观。该楼是公和洋行早期设计的一个古典复兴风格的作品，与其在外滩设计建造的那些雍容华贵的大楼比起来，这栋楼简洁、质朴。楼高 5 层，为消除对于沿街路人的压迫感，在建筑第三层顶上用一道古典的檐口作统一的收头；第四层内退，并"乔装"成红色、开设老虎窗的陡坡屋顶，第五层更是内退到路人的视线之外。这样的设计策略让大楼相对狭窄的街道来说，比例协调、体量适宜。在纵横三段式 [36] 的立面构图上，正入口上方是一个角度缓和的山花 [37]，几乎与檐口融为一体。立面上的窗整齐而规则；建筑转角未做特别处理，与那个时期的通常做法差别很大；立面上没有堆砌繁复的细部，最显眼的是那一整排的花环饰，这种轻快而简单的装饰，在当时的洋行建筑中是不多见的，仿佛在张灯结彩地庆祝城市用水的便利。

❶ 原先建筑北端延展到南苏州河路，后来被拆掉了一部分。
❷ 入口上方的檐壁[38]上雕刻有战利品饰[39]，由头盔、火炬、丝带、植物枝叶等元素构成。
❸ 花环饰的下半部分用漩涡和水浪做出丰饶角[40]的造型，上托果实、花朵和叶片，有"水与取之不尽"的寓意。
❹ 转角处的海豚饰再次点出建筑与水的关联。这种雕饰虽源于西方古代对海豚的崇拜，但由于外观与鱼相似且生活在海洋中，因此海豚的雕刻形象也常常与鱼混同。
❺ 采用有托檐石[41]的多立克柱式[42]的檐部做法，但对古典柱式细节做了简化处理。
❻ 圆花饰[43]的重复使用，与丰饶角中那些花的元素一样，是为了建立起与水的联系。

水管……自静安寺起至小东门止，遍地埋设，一气流通。又于沿街每十数步竖一吸水铁桶，高四尺许。下面与水管联络，顶上置一小机栝。用时将机栝拈开，水自激射而上。……居民需水者，可饬水夫送去。不论远近，每担钱十文。激浊扬清，人皆称便。（黄式权，1989）

老派管家

公济医院副楼（General Hospital Kitchen Block Extension）

地址：北苏州路 190 号，天潼路 365 号
设计时间：1918 年
设计：玛礼逊洋行

西方近代医学技术与成果随着开埠传入上海。1844 年，由英国传教士兼医生雒魏林（William Lockhart）与传教士麦都思（Walter Henry Medhurst）创办的中国医院（Chinese Hospital，后更名为"仁济医院"）成为上海最早建立的西医医院。"上海在 1862 年有两家医院，即仁济医院和海员医院。它们不能满足日益增长的公众需求，于是建议设立一座公济医院。"（库寿龄，2020）1863 年，法国驻沪领事委托天主教江南教会筹备办院，传教士德雅克（Desjacques Marin）神父作为代理人出面具体负责。

1864 年，医院在科尔贝尔路（今新永安路）和法租界外滩的转角处，租下一幢 4 层楼房作为院舍，定名为"General Hospital"。当时，医院规定"只收欧美病人，中国病人一律不予受理"，因此并未有中文院名，因其地处法租界，市民称之为"法国医院"。1875 年，院方以公共租界的 5000 两白银赠款、法租界的 2500 两白银赠款以及自筹的资金，在苏州河北岸"越界置地，拓展院舍"。1877 年，建成病房楼、辅助楼和修女生活楼各一幢，并确定中文名为"公济医院"。1878 年春，医院迁出法租界，在此地启用新院舍，设置床位 270 张。之后，公济医院不断扩建，成为上海著名的大医院。值得提及的是，该医院对穷苦百姓出台了"赤贫免费"的救助政策，直到 20 世纪 30 年代的医院广告上还可见到。

在历史老照片上，我们可以看到当时公济医院的庞大规模。医院南侧是很大的一块绿地，可供病人散步；将近 200 米宽的用地上，3 栋大楼沿着苏州河依次排开，虽然风格并不统一，但都有大面积的开窗——这些都显示出当时高标准的医疗环境。现存的楼栋原作为医院的副楼，建筑紧贴北面的天潼路，用地非常狭窄。相比老照片上南侧的那些主楼，这栋楼显得很封闭，颇具一个严谨可靠、老派作风十足的管家风范。在其紧贴街道的北立面上，二、三层窗户竖向联系在一起，一丝不苟地冠以弧形和三角形的山花，这种窗户的叙述方式，如宁静的河水那样平稳地流去，一直把我们的视线引向轴线中心那巨大而华丽的、代表昔日荣耀的涡卷铭牌上。

1953 年 1 月 1 日，公济医院改名为"上海市立第一人民医院"。1993 年起，第一人民医院着手搬离此处。医院众多楼房在空置多年后被拆除，唯余这位"老派管家"默默伫立在此。

❶ 建筑通体使用红砖，可见当时红砖已经是上海常规的建筑材料。

❷ 建筑檐部省略了古典的额枋和檐壁，只剩下檐口部分，转而用屋顶栏杆增加其厚重感。

❸ 建筑转角用水泥砂浆间隔模仿石材，既作为装饰，也加强了对墙角的保护作用。

❹ 三角形和弧形山花都采用底部分开的"断山花"[44]形式，内部饰以夸张的拱顶石[45]。

❺ 涡卷和花束围绕着一个巨大的牌匾，成为建筑立面上的视觉焦点，最初内部刻有文字和图案。

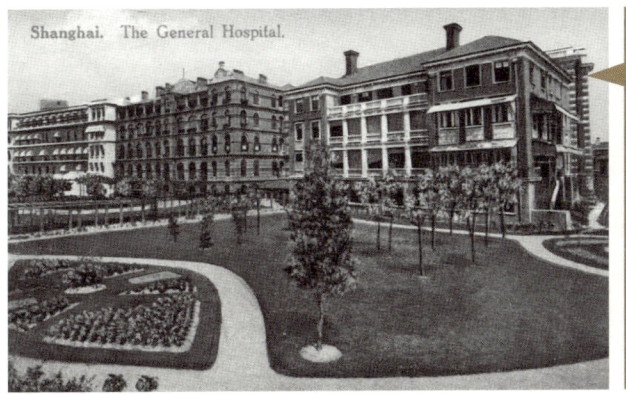

为方便居住在苏州河南岸的侨民去公济医院看病，1878年和1879年，工部局先后投资建造"里摆渡桥"和"二摆渡桥"，即今天的四川路桥和乍浦路桥的前身。

12

远东第一大厅
上海邮政总局大楼（Shanghai General Post Office Building）

地址：北苏州路 250 号
建成时间：1924 年
设计：思九生洋行

  上海开埠后，随着大量侨民的涌入，为维护侨民与家乡之间的便利联系，各国驻上海领事馆大多设立"邮政署"，并在一些商行设收发室，代办邮政，这种服务被称作"客邮"。在电报、电话出现之前，邮政是远方信息传递的最主要媒介，它"把文明的进展和交通的便利不可分割地连接了起来"，并"在发展贸易方面起了重要作用"（马长林等，2011），同时也对中国从传统设立传递政府文书的驿站向近代邮政业务的转变起到推动作用。1878 年，清政府批准由海关试办邮政，同年成立江海关书信馆——这是中国近代邮政事业的开端。1897 年，大清邮政官局在上海成立。1911 年，邮政脱离海关独立经营，改名为"上海邮政局"。20 世纪 20 年代，上海作为中国最大的通商口岸，形成水道、铁路、汽车、航空各种邮路并重的局面，是国内邮差线的一大中心。

  1922 年开始动工，并于 1924 年竣工的上海邮政总局大楼，选址在苏州河北岸，既方便连接身后不远的上海北火车站，也便于水路运输。据说，只要手持望远镜，就可以从大楼办公室的窗口远眺外滩邮政专用码头上船只进出和邮件装卸的情况。大楼一层设置的是包裹营业部和数千个出租信箱。素有"远东第一大厅"美称的二楼主营业厅，面积为 1200 平米米，大理石的营业柜台，地面铺砌黑白双色马赛克。U 形建筑平面围合而成的内院用于停放运输车辆，同时进行包裹和印刷品的分拣，这里曾 24 小时灯火通明，喧声日夜不息。

  为彰显邮政总局的重要地位，大楼采用"帝国风格"，这是 18 世纪晚期到 19 世纪中期流行于法国的一种建筑风格，兴盛于拿破仑大权在握后。该风格深受古罗马帝国时期艺术风格的影响，用仪式感强烈的建筑形式来诠释统治的力量，其显著特征就是在外立面上不厌其烦地重复使用柱廊，尤其喜欢使用华丽的科林斯柱式，以创造一种宽阔、无边际的纪念性。"意象和风格并不一定进入深层思维，但它们必然召唤出一种集体'想象'。"（李欧梵，2017）这句话用在上海邮政总局大楼上似乎很合适。

❶ 建筑高 51.16 米。转角上的钟楼异常突出，高达 13 米，造型繁复，仿中欧地区的巴洛克建筑。

❷ 钟楼基座两旁各有一组铜铸雕塑：图中所见居中的是信神墨丘利（Mercury），手持双蛇手杖，其左右两边是爱神，寓意邮政帮助人们沟通信息、传递爱意。另一组是三人像，分别手持火车头、轮船铁锚和通信电缆，象征交通和电信。两组雕像在"文化大革命"中被毁，现为 20 世纪 90 年代的重塑之作。

❸ 上海邮政总局大楼不但解决了邮政生产和办公场所的问题，还为当时在总局工作的高级别外籍员工解决了住宿问题——大楼的第四层曾作为员工及家属的住宿区。

❹ 建筑立面采用简化的科林斯巨柱式壁柱：沿北苏州路的南立面上有 11 根，沿四川北路的东立面上有 6 根。

❺ 建筑转角处理成用直边抹角的实墙面，并用方形壁柱来取得与柱廊的呼应，让主入口显得更加结实和有力。

1938—1945 年抗日战争时期，邮政局地下共产党租用 1741 号邮政信箱，用于传递信息和接收苏北抗日根据地寄来的重要信件。

13

远东第一公寓
河滨大楼（Embankment Building）

地址：北苏州路 340 号
建成时间：1935 年
设计：公和洋行

　　这是近代上海单体规模最大的公寓楼，犹如一条长龙，沿苏州河北岸，在 7000 平方米的建筑用地上蜿蜒展开。S 形的平面布局将建筑的占地可能性撑到最大，同时围合出两个半开放的内院。朝向苏州河的最大建筑延展面以及那个深深内凹的围院，保证了公寓楼大多数住户眺望河道与对岸风景的视野，虽然有一部分视野狭窄到牵强的地步。建筑沿街一层布置店铺，二层用作办公，三至七层是内廊式的公寓——一条昏暗的走廊长达百米。面对体量如此庞大的建筑，开发者追求利益最大化的迫切心理一览无遗。

　　大规模商品化的房地产业是在上海开埠后才出现的，从早期的连片木板房，到后来风靡上海的里弄住宅[46]，再到各种公寓，房地产业一直是支撑这座城市快速发展的重要内容。因为工商业的繁荣，上海曾经历了一段房地产的黄金时代，"但此空前之蓬勃现象，转瞬即为淞沪之战所毁灭"（《申报》，1936-03-05）。之后，虽然有所恢复，但随着白银货币危机的爆发，国内的通货紧缩和经济衰退进一步加剧，上海的房地产业日渐衰退。

　　当时，工部局对房地产的征税是按土地面积而不是按房屋面积计征的，当土地价格不断上涨之后，建造高层建筑就愈发变得有利可图。从 20 世纪 20 年代末开始，高层公寓如雨后春笋般地在上海出现，公寓体量也逐渐增大，河滨大楼正是这种状况的极致案例。除了紧凑的居住空间与高密度的居住人口，高层公寓更重要的特点是拥有完备、便利的现代化建筑设备。河滨大楼配备了 8 部客梯、1 部货梯；地下室设置了长 15.5 米、宽 9 米的温水游泳池；住宅内部配备了冷热水、煤气和电扇，"浴室厨房之四壁，均用白瓷砖砌成；卫生用具之设备，靡不应尽有；贮藏橱柜，亦复装置齐备；阳台窗牖，四周咸辟，日光空气两俱充足"（《时事新报》，1931-01-30）。无疑，建筑设备是承载现代性、提供舒适生活体验的物质载体，是公寓生活最重要的吸引力所在。对于河滨大楼来说，拥有极佳的城市景观视角也是其重要的卖点之一，"全屋高出苏州河岸……远眺浦江中景物，历历如在几席之间"（《时事新报》，1931-01-30）。这种居高临下眺望江景所引发的朦胧的拥有感，让人的注意力从住所的拥挤转向对城市景观的欣赏，从而与城市建立了更多的互动。上海的住宅建筑正在从传统混合结构的低矮民居完成向现代化进程迈进的蜕变。

❶ 河滨大楼 S 形的平面形式取自开发商新沙逊洋行（E. D. Sassoon Co.）的英文首字母。从专业设计角度分析，这个造型不仅让非常长的建筑有了变化，还解决了在最大占地率下建筑的采光和通风问题。

❷ 河滨大楼原高 8 层，1978 年又加建了 3 层。由于上部加建部分完好延续了原建筑风格，并未明显改变大楼外貌。

❸ 该楼非常重视对半室外空间的设计，每户都设有宽大的内阳台，既消解了长立面的呆板，也增加了欣赏风景的场所。

❹ 通过棕色与米色的间隔设置，弱化立面过长带给人的单调感和压迫感。

❺ 转角处的塔楼与下部主体没有关联，仅作为屋顶凉亭。这种处理手法与光陆大楼类似。

由于这栋大楼内在的特别气质和所处的特别地段，《蜗居》《何以笙箫默》《我的前半生》《上海女子图鉴》等多部当代影视作品都曾取景于此。

14

山花的狂欢
上海总商会（Chinese Chamber of Commerce）

地址：北苏州路 470 号
建成时间：1913 年
设计：通和洋行

上海总商会所在地块曾设置清代的"出使大臣行辕"，即出使别国的官员从上海坐船出发之前的临时居住之处。与之配套建立的还有一座出海平安守护神明的宫殿——天后宫。1884 年，出使大臣行辕和天后宫同时落成。1899 年，该地块被划入再度扩张的公共租界范围，但根据租界扩张协定，出使大臣行辕与天后宫仍归属中国主权，该地块也随之成为租界中的一块飞地。中华民国成立后，出使大臣行辕作为旧时代官方机构被撤销。之后，这处房产与土地由上海市总商会接管使用，原建筑几经改建。

现存上海总商会大楼做工精良，清水红砖墙、浅色石材、米色抹灰三者的结合给建筑笼罩了一层温暖的光泽。为了让这种结合变得更紧密，在立面二层的窗与窗之间、中间入口两侧和上方的壁柱上，石材与涂料都被"削切"成细细的条状，以便红砖的气息能够展露得更加均匀。一场山花的狂欢正在大楼的立面上上演：屋顶、门头和窗楣上到处是大大小小的山花。窗户的设计更强化了这种欢乐气氛：弧形与三角形山花交替排列，仿佛文艺复兴时期米开朗琪罗设计的罗马法尔内塞府邸（Palazzo Farnese，1546—1589）。正如布鲁诺·赛维（Bruno Zevi）在《现代建筑语言》一书中归纳的那样："按照古典传统，文艺复兴或仿文艺复兴时期的建筑都是先选择一种模型作窗口，然后要检查模件的效果，同时要考虑立面的虚实关系。最后，使其在水平和垂直方向成行成列，即按秩序叠加。"在这里，门窗洞口正是这场山花狂欢中的主要参与者，它们将欢乐的节奏传遍建筑全身。

上海总商会的前身是 1902 年成立的上海商业会议公所。这是中国近代成立最早的商会组织，有"中国第一商会"的美誉；1904 年，更名为"上海商务总会"；1912 年年初，改组为上海总商会。虽名"上海"，实则包纳全国，是一个中国工商实业界团体，其雄心在于面向世界，用商业缔造伟大的时代。也许是觉得这栋府邸般的大楼尚不足以展现总商会的宏图大志，1915 年落成的大门直接照搬了罗马提图斯凯旋门[47]（Arch of Titus，公元 81 年后）的造型。这种兴盛于罗马帝国时代的经典纪念碑形式，转化成一种国际通用的建筑符号在欧洲其他国家得到广泛沿用后，又在中国上海扎根。

❶ 建筑正立面入口的上下有大小两个山花，但由于入口台阶尺度较小，从总体上看，入口的形象并不显著。

❷ 建筑后方连接大议事厅，是整幢建筑的核心，可容 800 人开会。大厅采用跨度约 18.3 米的钢桁架[48]，被称为"无梁厅"。

❸ 建筑虽然只有 3 层，却把整个底层处理为"基座"，以形成竖向的三段式构图。设计手法与通和洋行在同一时期设计的东方汇理银行（中山东一路 29 号，1914 年建成）很相似。

❹ 在屋顶上用宝瓶栏杆作女儿墙[49]，既有防护作用，也有意形成透空的水平向屋顶轮廓线。这种做法兴起于欧洲文艺复兴时期，常被用在有坡屋面的建筑上。

❺ 对柱式的运用比较随性，不刻意强调古典细部，例如转角部位的壁柱。

上海总商会不但组织国内商品博览会，还连续组织中国商品参展 1915 年巴拿马万国博览会、1926 年费城世界博览会，并协助、参与了 1933 年芝加哥世界博览会，是中国近代商业史上浓墨重彩的一笔。

15

分与合
新泰仓库（Xintai Warehouse）

地址：新泰路 57 号
建成时间：1920 年
设计：泰利洋行

随着近代上海实业的蓬勃发展，苏州河沿岸的各类厂房鳞次栉比，日益增大的货物吞吐量使一些商人看到收取仓租的低风险和高回报，于是，纷纷出资建造仓库，并逐步发展成为一个专门从事货物储存的行业。及至 1930 年，上海此类租赁型仓库的总面积达到 12 万平方米，其中约 70% 是面积在 1000 平方米左右的小型仓库。新泰仓库以 6000 多平方米的建筑面积位居中大型仓库之列。

工部局在 1903 年颁布的《西式建筑规则》中，第一次把"货栈"（货物的堆栈，即仓库）当作一种独立的建筑类型，并明确要求"货栈容积之限度：用避火材料建造之货栈，容积不得超 45 万立方（英）尺；用非避火材料建造者，容积不得超出 20 万立方（英）尺。货栈在同一层上，单间之容积，不得超出 15 万立方（英）尺"。这条规则严格限制了单个仓库的体量。因此，新泰仓库实际上是用砖墙隔开的 5 个独立仓库的组合，围绕着两个室外空间形成"斤"字形的布局。建筑内部采用木柱、木楼板和木屋架的形式，在防火问题上颇显薄弱；但借助室外空间的分隔，仓库整体的防火性能有所加强。在室外空间集中设置货运楼梯，尽可能提高仓库内部的可用面积。经过改造，原来的室外空间变成了入口中庭，轻质钢结构楼梯和回廊悬挂在砖墙上，成为建筑交通动线的中心——历史与当代在此处交汇。同时，原来 5 个独立的仓库体量也在新的空间塑造中聚合在一起。

建筑以一种简化的中西结合方式进行造型。窗和门大量采用拱券，并在转角、壁柱和腰线等位置做出相应的细部设计；屋顶采用中式歇山顶[50]，由于屋面覆盖面积较大，因而形成多处内天沟[51]，这是大进深的仓库平面与中国传统木结构屋顶形式之间不可避免的矛盾。

新泰仓库原有交通流线是由北苏州路向北进入新泰路，并由此从仓库南面进入基地。建筑使用青、红两色砖混搭的清水外墙做法，在原先的主立面——南立面的底层使用红砖砌筑，而其他立面的一层则使用青砖，以此强调出主入口的地位。这是一种有趣的现象，表明自红砖传入上海后，直到 20 世纪 20 年代，"青"与"红"两色砖之间的争锋还在持续，这种规格上的高低之分有时竟然表达得如此隐晦。

新泰仓库的业主是当时叱咤风云、上海滩四大"颜料大王"之一的贝润生。设计并经租该仓库的英商泰利洋行还以经营"挂名道契"（即如果中国人要购买租界内的房地产，必须委托"挂名"洋商出面申请道契——租界中的地权凭证，并签发权柄单，作为代管产业的凭证）闻名沪上。

❶ 仓库原开窗较少。后来新增设的窗在形式和高度上与原窗保持一致，但在拱券材质上，使用青砖以示区别。

❷ 在这侧立面的二层和三层，原开窗不仅少，而且窗台高度高达 2 米。为适应改建后的功能要求，新增窗的窗台高度被拉低。

❸ 木屋架的檩条采用直径 15 厘米的圆木，间距 80 厘米，上铺 2 厘米厚的杉木望板。这是典型的传统中式木构建筑屋面的做法。

❹ 黑色的铸铁构件被称作"锚板"，用来将外墙与室内木梁拉结在一起，避免墙体向外偏移。因此，锚板不仅标出梁柱结合处的位置，还明示了建筑的结构形式。

❺ 在历史建筑上新增加的构件，原则上要求具有"可逆性"，即将来若是拆除，不会有损于原建筑。

16

典雅的大盒子
怡和打包厂（Ewo Press Packing Co.）

地址：北苏州路 912 号
建成时间：1907 年以前
设计：不详

上海的近代工业是伴随贸易而产生的。由于周边环太湖流域是优质丝茶的产地，因此丝茶加工业在上海出现得较早。缫丝业曾大量聚集在北苏州路一带。1868 年，意大利丝商在北苏州路 - 山西北路转角处开设缫丝厂；1882 年，华商黄佐卿创办的公和永丝厂与英商创办的公平丝厂、怡和丝厂同时建成并投产，三家缫丝厂联合聘请意大利人麦登斯为工程师，传授缫丝技术。公和永丝厂位于北苏州路 - 甘肃路口，是上海第一家民族机器缫丝厂，也是当时沪上堪与外商匹敌的少数中国企业之一。1909 年，上海最早的丝业同业组织——上海丝厂茧业总公所在北山西路（今山西北路）430 号成立。自此，上海的缫丝业逐步兴盛起来。

上海的生丝出口发展迅猛：1845 年出口生丝 6433 包，到 1850 年已增长到 17 245 包。19 世纪 50 年代中期以后，中国的生丝几乎全部通过上海出口。由于丝茶一类的货物重量小而体积大，出口时必须压缩体积以降低运输成本，打包业应运而生。1907 年，怡和丝厂利用其厂区仓库，将丝厂的打包部扩大后，建立怡和打包厂，面向社会提供水压机打包业务，成为中国最早出现的打包企业。

相比新泰仓库，怡和打包厂更像是一座来自西方的"原装"大仓库。整栋建筑沿道路展开，呈现出完整而坚固的形象。建筑通体用红砖砌成；在底层立面和上部的壁柱上，内凹横向线条用以摹仿石材分段堆叠的效果；这种浅浅的凹凸关系还表现在窗户的细部上。窗洞口尺寸不大，弧度较浅的弓形券[52]、尖锐而夸张的拱顶石、端头带涡卷的滴水线脚共同组成了窗上简洁、精致的细部，让这座仓库建筑看上去含蓄又和谐。后期复原的沿河铸铁阳台显现着金属细巧而坚固的观感，恰到好处地与红砖墙形成对比。建筑尽管无法摆脱"大盒子"的形态，但整体上有一种浅淡的典雅，与那些粗犷的工业仓储类建筑相比，它显然很"耐看"。

怡和洋行是最早进入上海的外资公司，其投资20万两白银建立的怡和丝厂是外资在中国创办最早的生产性企业之一。怡和打包厂经营30年后，于1937年关闭。

❶ 窗户外装金属板遮光扇，可以兼顾通风与安全。这是仓储类建筑的一种典型做法。

❷ 建筑水平向超长的尺度被密集的壁柱分隔成细小的矩形单元，每个单元顶部用砖做出齿饰和线脚，这让大尺度的建筑因小尺度的细节而丰满、耐看。

❸ 顶部平直而缺少细节的檐口暗示有过不恰当的改建。

❹ 底部的窗明显经过改建，新加的金属窗套用来隐藏砖墙被改动后的接缝。

❺ 在功能上这里并不需要阳台；但这几个进深很浅的一步式阳台让建筑立面显得生动、活泼，成为美学意义上的点睛之笔。

❻ 和颐中大楼类似，建筑在转角处退让面积很少，表明其建造年代较早。

17

一叠威化饼干

中国银行办事所及堆栈
(Office Building and Warehouse of Bank of China)

地址：北苏州路 1040 号
建成时间：1935 年
设计：陆谦受、吴景奇

20 世纪初，由于公共租界内的司法比较完善，治安也相对稳定，外资银行为防范借贷风险，要求借款人以租界内的房地产或存放于租界仓库中的货物作抵押。很快，华资银行跟风仿效，并且规模较大的银行和钱庄纷纷自建仓库——这样既能解决抵押品的存放和监管问题，又能顺便经营堆栈业务，收取仓租。随着上海工商贸易的蒸蒸日上，金融仓库快速发展，到 1930 年前后，已有银行附设仓库 34 家，钱庄附设仓库 6 家，总面积约有 20 万平方米。

苏州河北岸既有便利的水陆运输条件，又在租界范围之内，而且紧靠闸北的大批工厂，其贷款和仓储需求两旺，从而逐渐形成银行的仓库集聚区。浦东银行、金城银行、聚兴诚银行、中国实业银行、大陆银行等设置的仓库都在这一带。

"中国银行办事所及堆栈"——国内银行业之首的中国银行的办公楼及其仓库。建筑 10 层高，局部 11 层；第一至四层是仓库，五层以上用作办公；考虑到采光的需求，平面设计成 L 形。这是 20 世纪 30 年代苏州河北岸唯一的高层仓储办公建筑。中国银行的建筑一直由其总管理处建筑课负责设计。1930 年，建筑师陆谦受受聘于中国银行，担任建筑课课长，他与吴景奇一起为该行设计了多处建筑。

在苏州河边建造高层仓储办公楼，建筑师面临的最大挑战是：如何在离河这么近的地方，做一个完全防水的地下室，以保证存储其中的抵押物资不受潮湿的侵害。建筑师在总结这个项目时坦言，"这一次给我们很大的教训，就是：第一，一个建筑师须（需）要有充分的工程学识，因为在建筑上有许多工程的问题，权别轻重，得要他自己来作主。第二，一个建筑师须（需）要和包工切实的（地）合作，因为对于实地施工的经验，可以得到他的帮忙不少"[《中国建筑》，1936 (26)]。这栋楼呈现了一种与古典形式"决然挥别"的现代模样，没有装饰，甚至不在乎对体积感的塑造，任由白色和米色的面砖横向分段，犹如一叠巨大的夹心威化饼干，撑满了整个用地。这栋楼预示着一个新时代的到来——建筑设计将会越来越为功能、材料与施工技术所驱动，其结果便是，建筑忠实呈现以上内容，"不施粉黛"，摒弃以往那些繁复的颇具历史渊源的装饰细部。毫无疑问，这栋建筑的设计具有先锋性，它那极其克制的设计手法会让人在追寻"风格"的线索时"失焦"——如果不仔细辨别，会觉得它更像是 20 世纪 90 年代的作品。

大门上的铁艺图案是从"中"这个字演变过来的。中国银行虹口分行大厦（四川北路894号）大门上的铁艺图案与这里的非常相似。

❶ 推测是出于经济角度的考虑，在远离河岸的后部，建筑处理得很简单——墙面上除了窗，就只有白色的涂料。

❷ 建筑立面整齐划一，没有特别强调对内部使用功能的外在识别，所以很难让人从外观上一眼分辨出哪里是仓库区、哪里办公区。

❸ 通过纤细挺拔的窗间柱形成二联窗和六联窗，在建筑立面上打造出一种明显的节奏感。

❹ 屋顶转角处出人意料地出现了一种源于古希腊神庙的建筑细部——像座[53]。

❺ 阳台进深很浅，只作为建筑立面上的动态装饰性元素，与窗一起打造水平向延展的立面。

18

国殇之歌

四行仓库（Joint Saving Society Godown）

地址：光复路 1 号
建成时间：1935 年
设计：通和洋行

　　1935 年，由金城、盐业、大陆、中南四家银行组建的四行储蓄会投资在光复路 1 号建成"四行信托部上海分部仓库"，以堆放银行客户的抵押品和货物，即"四行仓库"，其东侧紧邻大陆银行仓库。两座仓库皆由通和洋行设计，高 5 层，内部互通。当时华界与公共租界的分界线斜穿大陆银行仓库用地，因此四行仓库位于公共租界之外，属于中国地界。

　　1937 年 8 月 9 日，侵华日军在上海虹桥机场的公然挑衅，点燃了"八一三"战役的战火。国民党精锐之师激战两个多月。然而，没有大规模全兵种和诸兵种协同作战经验的中国军队严重失利，及至 10 月 26 日，八十八师五二四团团副中校谢晋元、陆军少校营长杨瑞符临危受命，以紧邻租界的四行仓库为留守据点，率领五二四团第一营，配属 1 个机枪连、3 个步兵连、1 个迫击炮排，组建 400 余人的加强营（号称"八百壮士"），"誓与敌拼死一周"，只为牵制日军火力，掩护大部队撤离。从 27 日到 30 日，加强营持续四昼夜鏖战四行仓库，震惊中外。

　　"八一三"战役是中国抗日战争中第一场大规模的会战，也是最惨烈的一场会战。记者罗伯特·吉兰（Robert Guillain）描述闸北战场是"千疮百孔，弹坑遍布，被暴雨般的弹片所侵蚀"。后来担任中国战区美军司令的魏德迈（Albert C. Wedemeyer）称 1937 年的上海之战是"自从凡尔登战役以来这个世界所见过的最血腥的战斗"。1937 年 10 月 28 日英国《泰晤士报》评论在上海英勇反抗日本侵略军的中国部队"脱颖而出，此为近世中之第一次"。这次战役，彻底粉碎了侵华日军灭亡中国的美梦。四行仓库是"八一三"战役在市中心的重要抗战遗址，如今，在仓库 68 米长、30 米高的西墙上残留的 8 个炮弹孔和 437 个枪眼，以其触目惊心的创伤，彰显着中华民族不屈的抗争精神。

　　四行仓库在建造时并没有特定的纪念目的，一场残酷的战役把它转化成上海英勇抵抗日本侵略的最沉痛的物证，从而成为具有"非常"纪念意义的文化遗产[54]。这种被奥地利艺术史学家阿洛伊斯·李格尔（Alois Riegl）称作"无意为之的纪念碑"（Unintentional Monuments），说明特殊的历史事件可以赋予建筑不可替代的精神意义。正如约翰·拉斯金（John Ruskin）在其名著《建筑的七盏明灯》中所言："人类的健忘只有两个强大的征服者——诗歌和建筑；在某种意义上，建筑包含诗歌，而且因其现实性而更强有力。"

❶ 西墙墙体最初采用的是英国进口的大红砖，战后封堵炮弹孔使用的是青砖，正是根据二者的不同，设计师在修缮时找到了当时炮弹孔的确切位置，并将其复原。

❷ 被复原的 8 处大的炮弹孔洞，内部封堵深色玻璃，在保证被穿透的孔洞效果同时，不影响室内的使用。

❸ 为保证炮弹孔洞周边的残砖足够稳定，不会下落伤人，在墙体内侧使用 8 厘米宽的碳纤维布加固弹孔轮廓；同时，增筑一道内衬墙体，并使用钢构件加固老砖墙。这些建筑安全措施都隐蔽得足够好，最大限度地恢复了炮弹孔洞的原貌。

> 四行仓库的血战引起中外各方的密切关注，英美等国要求以"人道主义原因"停止战斗。1937年10月31日凌晨，中国军队撤入公共租界内，除去伤亡者，尚余377人（不同史料对该数字的记录有差异）。然而自此，在日本的胁迫下，这支军队被租界当局囚禁于胶州公园附近的临时营地长达4年之久。这个营地史称"孤军营"。

❹ 建筑立面原有粉刷层，枪林弹雨中，粉刷层脱落，砖面大面积暴露出来。裸露的砖块需要进行修补、排盐[55]、增强[56]及憎水[57]等技术处理，并在墙体内侧刷防水涂料，才能解决裸露砖外墙的渗水问题。

❺ 这里露出建筑的梁柱和清水砖，真实复原了战争中外墙面层被震落后的残损模样。

❻ 20世纪80年代后，这里曾作为"春申江家具城"使用，后期修缮时也保留了该时期在墙上开窗的改造痕迹。

丛生的希望

福新面粉厂（Foo Sing Flour Mills）

地址：光复路 423—433 号，长安路 101 号

建成时间：1913 年

设计：通和洋行

自四行仓库往西的苏州河北岸，属于华界，因地价便宜，又毗邻租界，很多中国工商业主来此办厂。沿着光复路、大统路、长安路一带，曾有米店、米行 40 余家，米业专用码头 11 座，日成交量上万石，是上海有名的米业北市场。

米业的聚集，与面粉业在这一区域的发展有很大关系。1912 年，荣宗敬、荣德生兄弟租光复路土地 16 亩（约合 10 666.7 平方米），建造 6 层厂房 1 幢、堆栈 4 所，开办福新面粉厂（即福新一厂）——工厂使用美制机器，是上海第一家，也是近代上海最大的私营机器面粉厂。第一次世界大战爆发后，国际市场对面粉的需求骤增，整个面粉工业出现前所未有的蓬勃景象，荣氏兄弟趁势扩大生产规模。荣宗敬曾言："造厂力求其快，设备力求其新，开工力求其足，扩展力求其多，因之无月不添新机，无时不在运转。"及至 1921 年，福新系的面粉厂已扩张到 8 家，其中除福新五厂在汉口外，其他工厂都设在上海，沿苏州河分布。至此，荣氏兄弟被冠以"面粉大王"的称号。

今天，游走苏州河沿岸，还能看到福新系面粉厂的一厂、二厂、四厂、八厂（莫干山路 120 号）和三厂（光复西路 145 号）的部分建筑，其中一厂留下来的建筑最完整。主厂房是一栋 6 层混合结构建筑，占地约 380 平方米。红砖立柱，青砖墙体，外墙厚度由底层向上逐渐减少——这是因为随着高度增加，底层的砖墙要承受更大的荷载，所以必须加厚。建筑内部使用木梁柱＋木楼板的承重方式，尽可能让空间更加开敞。堆栈在厂房南侧，从它们不同的高度和屋顶形式来看，应该是分时、分批建成的。一个孤身探出的小阳台，是难得的变奏曲，缓和了沿街立面的严肃感。因为用地极不规则，整组建筑只能因地制宜进行布局。这一组看似凌乱、如杂草般丛生的建筑群，真实地勾勒出一家私人公司崛起的历程，也是上海近代民族工业诞生和发展的缩影。

1923年，福新面粉厂的"兵船牌"面粉进行了商标注册，这是国内同类产品中的首例。

❶ 用砖叠涩做出挑檐，这种处理手法在视觉上与怡和打包厂的齿饰类似。

❷ 每栋楼都凸显红砖柱的竖向线条，从而在各建筑间产生视觉联系。

❸ 外墙上显著的锚板，能清晰显示建筑内部木梁所在的位置。6层厂房上的锚板还有特别的形状。

❹ 不同的楼在立面细部做法上有差异。例如同样的弓形券，有的上面强调拱顶石，有的则做出滴水线脚，使建筑组群间的统一协调性有所欠缺。

❺ 平屋顶、双坡顶、四坡顶和歇山顶等多种屋顶形式轮番在建筑组群中出现，这种多样性传递出的信息是，各栋建筑或许在建造时间上有所不同。

房子与场所感

张爱玲旧居（Former Residence of Zhang Ailing）

地址：康定东路 85 号
建成时间：19 世纪末
设计：爱尔德洋行

这栋现在被挤在一群杂乱无章建筑中的大房子，原是张爱玲的外祖父、清末重臣李鸿章的产业，后赠予女儿作为陪嫁。李鸿章曾在麦根路（当时的麦根路相当于现在的石门二路、康定路、康定东路、西苏州路和淮安路）创办鸿章纺织染厂。今天，厂虽已不存，但建于麦根路 313 号的这栋住宅，被幸运地保留下来。它既见证了麦根路曾经的历史，也保留了 19 世纪末上海独立式花园住宅的真实式样。建筑原由主楼和副楼两部分组成，南侧还有宽阔的花园。主楼至今保存完好，其南立面由连续的外廊构成，整栋建筑无论是窗户的形式，还是腰线的细节、青红砖颜色的搭配等，都极其丰富、细腻。立面中心高高升起的山墙更是塑造了垂直感，表明殖民地外廊式建筑风格在此时已经走向尾声。

1920 年 9 月 30 日，传奇作家张爱玲在这里出生，并在此度过了人生最初的两年。1934—1938 年，张爱玲再次回此处居住，其间因激怒父亲而被关在房中禁足长达半年之久。痛苦的回忆和难以弥合的心理创伤使得张爱玲对家、对自己出生的这栋房子产生出怪异的情感体验，"我生在里面的这座房屋忽然变成生疏的了，像月光底下的黑影中现出青白的粉墙，片面的，癫狂的"（张爱玲，1992）。

人们对建筑的体验，不仅限于其表面上的形式或风格，更有生活其中的人日常积累下的、点点滴滴的主观情感，即更深层次的建筑体验来自个人的心境与生活事件间的互动，体验的背后是场所触发的那种让人难以忘怀的空间感受与情感记忆。借助记忆，建筑会因承载过的某段鲜活生命历程而具有特别的感受与意义。

建筑是一颗形象的种子，而文学会增加它的细节。通过作家之笔，游离的记忆被固定，并随之生根发芽。在这栋偌大的房子里行走，在吱吱呀呀的木楼梯的声响中，张爱玲的孤独与苦闷仿佛触手可及。这种个人化的、来自不同阅历背景下的想象与记忆，会让每个人在空间体验中获得属于自己的场所感。

❶ 外墙面主要采用传统的清水砖墙做法，形成青砖、红砖混合应用的风格样式。青砖用于墙面主体，红砖用在装饰性部位及拱券上。

❷ 主立面上的门廊是 2019 年根据历史照片复原的重建之作。按照资料记载以及在庭院中挖到的原门廊两根柱子的基础，门廊得以精确定位。

❸ 呈"米"字形相交接的坡屋顶也是 2019 年修缮时根据历史照片复建的。

❹ 正立面连续的券柱式构图，是上海 19 世纪末独立式花园住宅的普遍做法。

❺ 外廊正面使用四心券[58]，侧面使用半圆形券[59]。这里原是外廊，现被封成室内。

❻ 花哨的山墙、复杂的窗套、砖砌的装饰构件等，显示出该建筑是维多利亚建筑风格与殖民地外廊式建筑风格的混合物。

房屋里有我们家的太多的回忆，像重重叠叠复印的照片，整个的空气有点模糊。有太阳的地方使人瞌睡，阴暗的地方有古墓的清凉。房屋的青黑的心子里是清醒的，有它自己的一个怪异的世界。（张爱玲，1992）

21

远东第一面粉厂

阜丰面粉厂办公楼（Office Building of Foo Feng Flour Mills）

地址：莫干山路 120 号
建成时间：1899 年
设计：不详

1898 年，孙多鑫、孙多森兄弟二人在这片被称为"叉袋角"的区域合资创办阜丰面粉厂。工厂占地约 20 000 平方米，采用美国设备和机房设计图样。这是近代中国民族资本开办的国内第一家机制面粉厂，其生产的"自行车牌"面粉被清政府获准"概免税厘，通行全国"。自 1900 年正式投产后，工厂以 2500 包 / 天的面粉产量位居当时的"远东第一"。

阜丰面粉厂与后来在其西侧陆续建成的福新面粉二厂、四厂、八厂一起，在苏州河畔强势打造出一个"面粉王国"。1921 年，这两家在上海首屈一指的私营面粉企业的产能已占全上海的 63.7%；到 1936 年，更是占到上海面粉总产能的 92.6%——足见其在这个行业举足轻重的地位。1937 年，阜丰面粉厂安装全自动麦仓设备，成为当时民族面粉工业中设备最先进、规模最大的一个厂。

在苏州河沿岸散落的诸多面粉厂的历史建筑中，阜丰面粉厂办公楼显得耀眼而特别：两层高的正立面上，六根巨柱拔地而起，形成挑高的柱廊，科林斯柱头稍微有些变形，工艺虽未臻于完善，但已明显比英国总领事官邸外廊的那些柱子更加纯熟。这是一个带着些庄严神情的正立面，然而，微微见曲的轮廓、有些轻飘飘的檐口装饰以及中式门窗花格营造出的闲逸氛围使得这份"庄严"有些懈怠。建筑通体使用青砖，与周边青红砖混砌的厂房形成明显的反差，但与西式柱廊的结合，难免有点"穿长衫，打领带"的违和感。西式立面包裹着的内部是一个中式的合院空间，围廊上那些朱红色的木构件如此纤细，像是要小心翼翼去呵护的传统情调。建筑屋顶采用了近代上海传统民居中特有的绞圈房子[60] 的做法——所有屋面被连接在一起，围合成一个完整的口字形。整座建筑从里到外都显示出强烈"中西融合"的愿望，很难说这种融合的做法是否高明，但是那种自信确实给建筑增添了不少魅力。

当年，除厂房之外，阜丰面粉厂还在厂前的莫干山路上建有一批里弄住宅，供职工及其家属居住，还在 1939 年开办了一所员工子弟小学——上海市私立阜丰小学，围绕工厂打造出一个功能完善的综合性社区。

❶ 正立面的檐口转到侧立面后，与中国传统坡屋面形式缺乏恰当的交接处理，因此形成局部的视觉冲突。

❷ 柱廊两端的柱子贴墙而建，但是墙体上并没有相呼应的细节处理，因此显得有些突兀，表明当时对柱式的使用设计尚在起步中。

❸ 建筑的檐口保持同一高度，为了让所有的房子能够绞圈在一起，进深大的部分，屋面会升高，形成小小的山墙面。这是绞圈房子常见的屋面做法。

❹ 侧立面的开窗位置随建筑室内地坪高差的变化而变化。

❺ 女儿墙中部高起，正好作为三层阁楼的山墙，同时可以强调入口；但是这种山花的处理显得比较薄弱，影响了力量感的表达。

1956年，阜丰面粉厂与福新面粉厂合并成当时中国规模最大的面粉厂；1966年，公私合营的阜丰－福新面粉厂变更为国营的"上海面粉厂"。

工业美学
上海啤酒厂（Union Brewery Ltd. Shanghai）

地址：宜昌路 130 号
建成时间：1934 年
设计：邬达克

  上海啤酒厂是中国最早的啤酒生产厂，前身是德商顺和洋行在 1909 年创立的顺和啤酒厂，其生产的多种"友啤"（UB）啤酒深受上海市民的喜爱，后因经营亏损，被挪威汉记洋行收购。1931 年改组后，在苏州河沿岸建造拥有一组庞大建筑群的新厂区，于 1934 年竣工。新厂占地约 11 000 平方米，拥有完备的酿造楼、罐装楼、仓库和办公楼。为保证电力供应的稳定，还建有自己的发电车间。这座工艺流程全部机械化的新厂在 1935 年投产后，啤酒年产能达 500 万瓶，在国内遥遥领先，一度是中国最大的啤酒生产厂。

  如此规模庞大、设备先进的工业建筑的设计，已经与前面我们见到的那些简单的仓储式厂房的设计完全不同。1931 年，建筑师邬达克曾在德国慕尼黑长时间逗留，仔细研究欧洲先进的啤酒生产工艺，为上海啤酒厂的设计与建造积累了必要的第一手资料。

  然而，很多第一次看到上海啤酒厂厂房的人都不禁会嘀咕：这些建筑有何美感呢？为了采光，满墙都是不管不顾到处开的窗。当我们的视线沿着窗户游走时，总觉得不是被一种精心编排的秩序带领，而像是随着人潮一路徜徉，当走到某个街口时，所有人却忽然自顾自地走散了……在这里，建筑不是为形式中的美而设计的，而是严格忠于工艺流程的合理性，因而最终"长成"一副看似随意的样子。

  9 层高钢筋混凝土结构的酿造楼，高达 48.89 米，是当时中国工业建筑的最高纪录。今天，我们看到的这栋 5 层大楼，是原酿造楼被拆除一部分后的残留。虽然建筑仅剩局部，但还是难掩现代主义"方盒子"摒弃一切装饰后的冰冷和高效。在现代化大机器发出的无休止的隆隆声中，"工业美学"诞生了。机器时代追求效率和精确，完美回应了沙利文（Louis Sullivan）在 1896 年提出的那句著名格言："形式永远追随功能。"（Form ever follows function.）当装饰被认为是建筑上"多余的累赘物"时，建筑观念正在发生前所未有的转变，"过去时代伟人们的直率而热烈的感情可能已经消逝了；但是作为我们这个世纪的代表的艺术家则需要冷静，因为他（它）代表一个像钢与玻璃一样冷静的世纪，这个世纪所要求的精确性给自我表现的余地比过去任何时代都要少得多"（佩夫斯纳，2004）。

❶ 不同的功能空间体量差别很大，建筑师用深色的线条勾边，在各单体之间形成视觉上的关联。

❷ 酿造楼上部几层被拆除，结合历史照片可以看到，原来整组建筑具有明显向上的阶梯状体量。

❸ 酿造楼东侧的竖向塔楼与内部使用功能并无实际关联，仅是出于效果考虑。立面上并排的竖向线脚流露出装饰艺术派影响的遗风。

❹ 根据厂房内部的采光需求，建筑立面上除必要的承重结构外都是通高的大窗，整体效果很通透。

❺ 多部室外楼梯是应厂房内部人员紧急疏散之需而设置的，除防火效果有保障外，也可提高室内空间的使用效率。

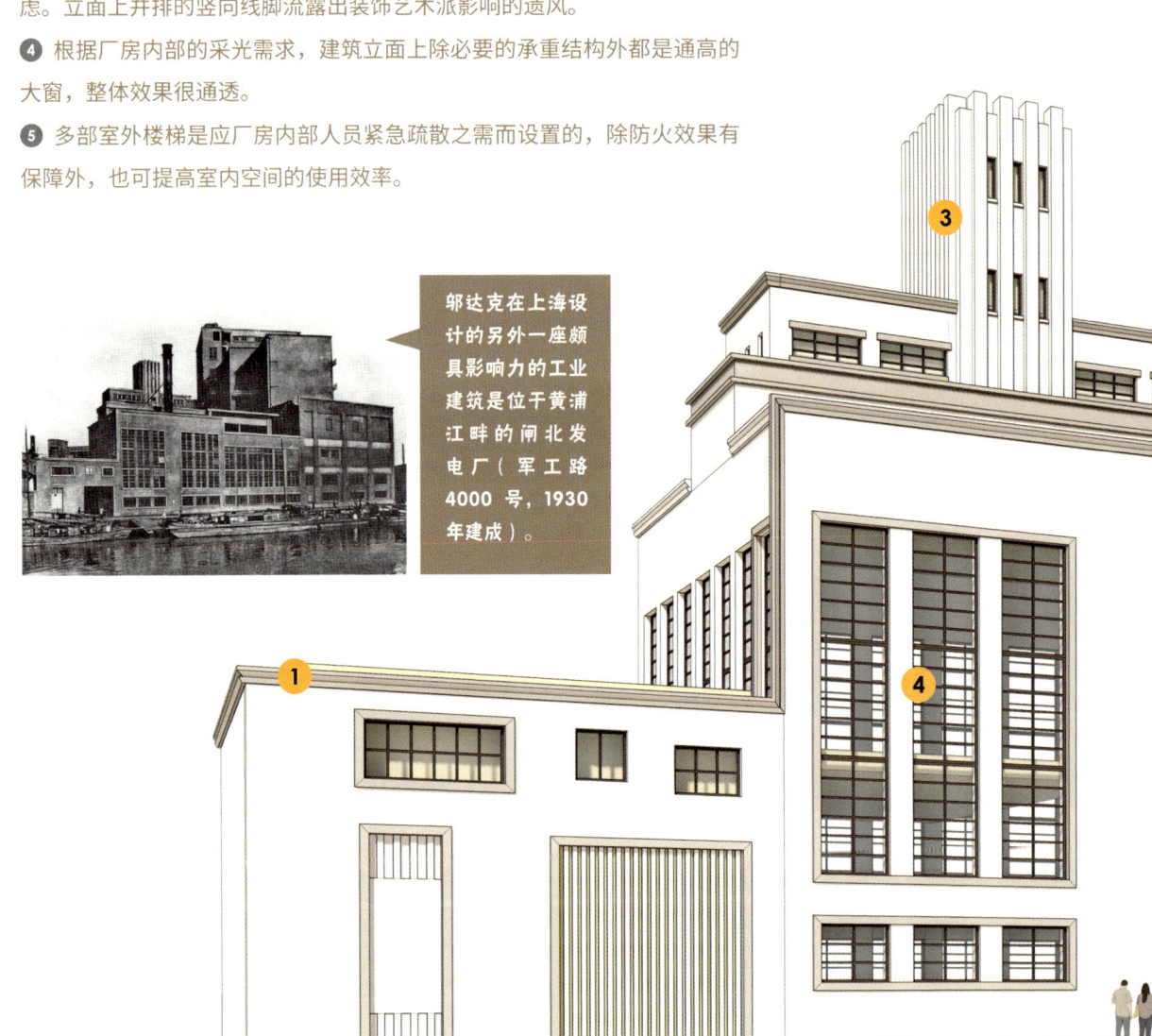

邬达克在上海设计的另外一座颇具影响力的工业建筑是位于黄浦江畔的闸北发电厂（军工路4000号，1930年建成）。

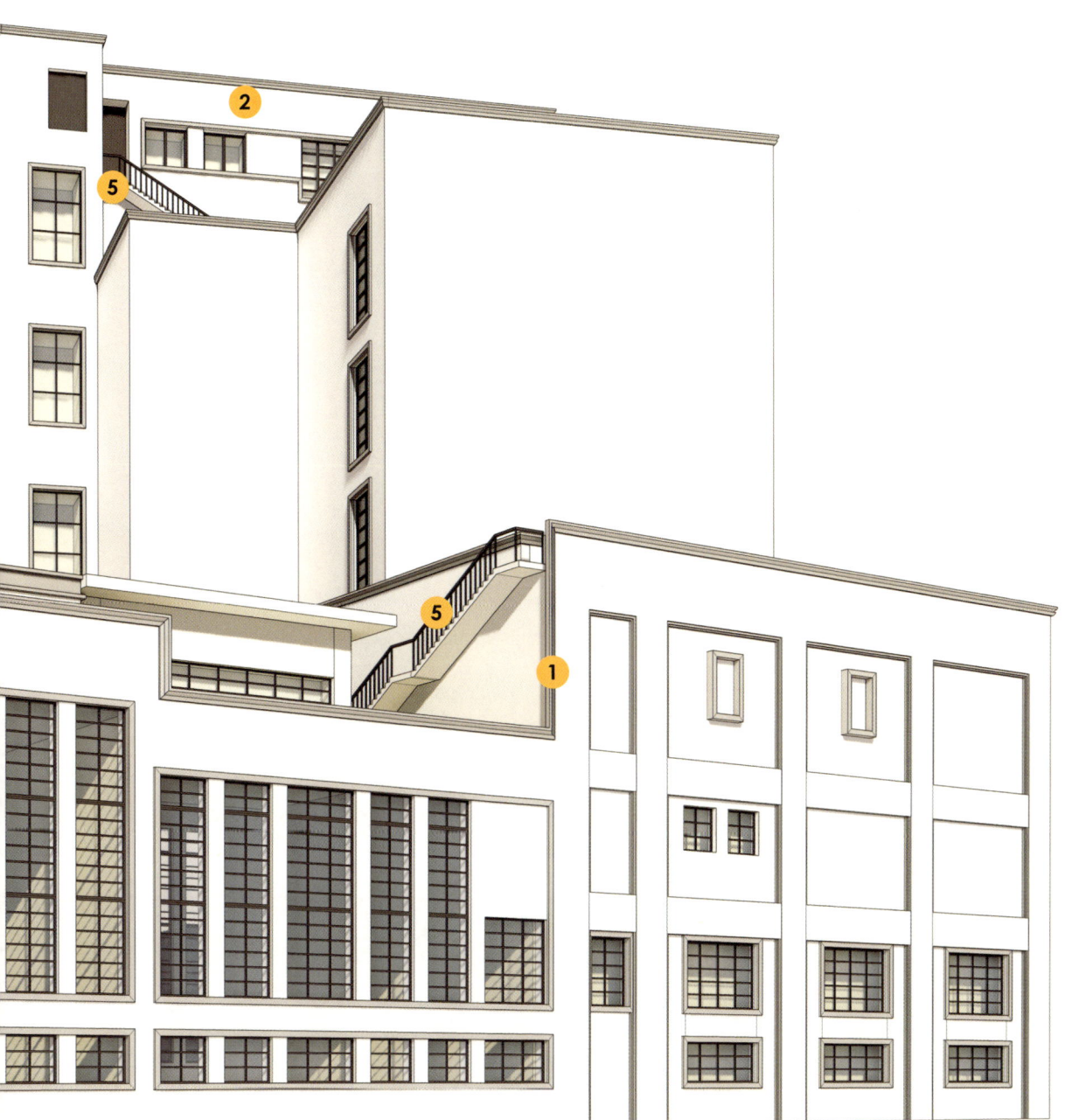

远眺的小白塔
宜昌路救火站（Yichang Road Fire Station）

地址：宜昌路 216 号
建成时间：1932 年
设计：工部局工务处

　　中国自古将防火救灾之事称为"火政"。1852 年，上海租界内的外侨自发组织救火队；1863 年，公共租界工部局从美国购买"救火洋龙"一架，这是一种大功率的手揿泵灭火机；1866 年，公共租界工部局成立火政处，并组建了一支由侨民组成的完全义务性的救火义勇队，成为我国城市中出现的第一个近代救火组织，国人形象地称之为"水龙公所"。起初，灭火设备是手揿的"洋龙"，后升级成由马匹拖拉的蒸汽机泵，自 1922 年改用汽油机泵并与汽车联动后，公共租界已基本上实现了救火设备的机械化。"沪上火政之善，甲于全国"（熊月之，1999），不但有"远东第一"的超强名气，而且在当时世界上也算得上是先进水平，比日本东京实现救火设备机械化早了整整 5 年。

　　救火站的选址与区域功能、建筑密度、路网交通等条件相关联。因为苏州河沿岸区域有多家日商的棉纺业工厂，日商集资由工部局建造救火站，并以地处的宜昌路命名。大楼于 1932 年落成。宜昌路救火站是公共租界的 6 个救火站中最后建成的。4 层高的建筑沿道路转角布置，底层是车库，楼上是办公用房和救火队员宿舍，遇到火警时，救火队员可通过滑杆迅速到达底层车库。

　　租界早期主要通过敲响教堂的钟或由捕房人员到救火队员住所报警。1871 年，公共租界在中央救火站（河南中路 280 号）的院子里搭建了上海第一个火警钟楼，发现火情便鸣钟示警。此后，在救火站中建造火警钟楼便成为惯例。早期火警钟楼为一个独立的构筑物，后来则逐渐融入救火站建筑中，作为报警和日常瞭望用。进入 20 世纪后，上海虽然开通了火警电话号码，但在很长一段时间内，电话远未普及，火警钟楼仍然发挥着不可替代的作用。因此，火警钟楼占地虽小，承担的功能却十分重要，那高耸的形象也成为救火站的醒目标志。宜昌路救火站的火警钟楼，主体是一个向上逐渐收拢的方形塔，顶部粲然挑出一个八角形的敞亭，顿时那种凝重的感觉就转变成了轻巧。这座矗立在苏州河边的小白塔，是上海现存几个火警钟楼中最秀丽的。

　　救火站这类市政建筑当时由工部局所属工务处进行设计和建造，其他市政建筑还包括菜场、宰牲场、巡捕房、监狱等。市政建筑的设计以经济和实用为主旨，并不追求艺术上的标新立异，正是基于功能的合理性，这些建筑才显得既干练又直率，有一种务实之美。

❶ 车库大门直接面向道路转角,方便遇到火灾时救火车辆可以向多个方向出发。

❷ 受到现代主义建筑思潮的影响,救火站大楼并不强调水平向的三段式划分。裙房采用窗间墙上下贯通的竖向构图,与瞭望塔形成对话。形体凹入处饰以褐色面砖,设计手法低调、含蓄。

❸ 救火站大楼设计有装饰艺术派影响的痕迹,如塔身及窗间墙上的折线形花饰。

❹ 宽的窗间墙顶部结合装饰线脚,做成简化的壁柱柱头形象。这种形态设计在上海 20 世纪 30 年代的建筑上很常见。

❺ 13 层的瞭望塔居中设立在主体建筑的后方,塔高 40 米。向上逐渐收拢的形体可以提高塔身的稳定性。平日里,瞭望塔还可以用来干燥水龙带、进行救火队员的训练。在西方救火站建筑中,瞭望塔也被称作"水龙带塔"(Hose Tower)。

1883 年,上海杨树浦水厂建成后,自来水公司在租界的主要马路旁安装消火栓(hydrant),人们因其英语发音而称之为"海亭",传说是借喻海龙王休息的地方,以祈佑救火时有求必应。之后,包括上海在内的江南很多地方习惯上把消防队叫作"水龙间"。

24

压铸的光晕

中央造币厂大楼（Shanghai Central Mint Building）

地址：光复西路 17 号
建成时间：1922 年
设计：通和洋行

　　1920 年，鉴于市面上银圆的重量与成色参差不一，上海金融界合议筹建上海造币厂，以推进"废两改元"（废除银两，改用银元）之议的尽快落实。经北洋政府批准，选地于今苏州河江宁路桥北堍东侧兴建厂房。1922 年，造币厂的主体建筑——铸币厂房建成，由于严重超支，后续资金无处着落，筹建工作中断。直到 1928 年 11 月 1 日，更名为"中央造币厂"的建设项目陆续恢复建设。1933 年 3 月 1 日，中央造币厂正式开铸银元"船洋"，该币为南京国民政府时期发行的银本位币。

　　通和洋行的这个设计在古典复兴建筑风格中展现出纯粹的历史主义倾向：既有古希腊建筑的庄严面貌，又不乏古罗马建筑的雄伟气势。整体来说，这个建筑给人的感受不足由细部堆叠出的形态，而是用巨大的柱式和厚重的檐部塑造出的体量，并向内一层层地雕琢出深度的变化。这种感受尤其表现在主入口部分：仿罗马神庙建筑的门廊、用 6 根巨柱支撑起朴素的山花、两侧偎依着向上升起的塔楼。让人有点惊讶的是，形象性如此强烈的入口空间在形体的进退上却非常克制，基本与两侧建筑体齐平。整个建筑看上去像是在一块巨大而坚硬的金属上压铸而成，锐利而清晰的细节在阳光下发出温润的光晕。

　　这是一栋非典型的厂房，与我们之前看到过的其他工业建筑都不同，它显示出古典主义建筑蕴含的"弹性"。在这趟旅途的终点，我们在中央造币厂大楼上看到了一种融合，它将务实的使用功能与澎湃的历史记忆交织在一起，以建筑自身的形态寄托曾经的远大理想。虽然这不是近代上海工业建筑设计的主流，即使是通和洋行，在其之后的工业建筑设计中也未有类似案例，但这座建筑仍用无可争辩的魅力证明了古典形式对于建筑类型的强大包容性。什么是建筑？古罗马建筑家维特鲁威（Vitruvius）在 2000 多年前就已做过清晰明了的解释：建筑，不仅得够"坚固""实用"，还得给人以"愉悦"。

新中国成立后，上海造币厂（现上海造币有限公司）先后铸造4套人民币流通硬币，并建成国内唯一的钢芯镀镍生产基地，开创共和国造币事业的多项第一：生产我国第一套流通硬币、第一套贵金属纪念币、第一套普通纪念币、第一套熊猫投资金币。

❶ 三楼入口塔楼两侧各两开间的房屋是 1971 年加建的，共计 555 平方米。这个加建比较成功，没有破坏原建筑的比例关系，而且让建筑显得更加坚固。

❷ 柱式被直接用来设计门窗洞口。这里采用了有托檐石的多立克柱式檐部，虽然缩小用作窗的装饰，但细节完整。例如托檐石下方的锥形饰[61]，虽然通常情况下身处阴影中，但在各种反光下，锥形饰会让阴影变得丰富、有层次。

❸ 女儿墙上部被处理成柱基座式样，这是增加下方檐部视觉高度的一种常用手法。

❹ 像座采用棕叶饰，是这栋建筑中不多的曲线造型。棕叶饰是对棕榈树叶的简化雕刻，样式多变，是一种常用的古典装饰。

❺ 门廊使用爱奥尼巨柱，中间做成双柱形式以强化视觉效果。门廊内侧使用方形的爱奥尼柱。

❻ 窗上楣以成捆的杆状物做装饰，模仿古罗马司法权威的象征——束棒（Fasces），丝带饰则强化了这一象征。

名词解释

[1] 城市天际线
由建筑物及其他环境要素形成的剪影式的轮廓线,专业上被用以研究城市中建筑高度和密度的组成变化。

[2] 饰面砖
不起结构或围护作用,仅作为建筑表面装饰的瓷砖或砖片,对墙体有一定的保护作用。现代很多饰面砖还在保温、隔热、自洁和隔音等方面有了长足发展。

[3] 装饰艺术派
也称为"装饰艺术风格"或"摩登风格"等,是20世纪20年代起流行于欧美的一种艺术时尚。它从历史上各个时期的经典图像中提取元素,以洗练的手法加以几何化重塑。在时间上它与现代主义建筑同时,但并无后者那种对社会或道德的探讨,而是一种纯粹的感官意义上的创新。

[4] 新艺术运动
19世纪末至20世纪初遍及欧美的一场探索装饰艺术新风格的运动。新艺术运动与学院派艺术针锋相对,并为之后装饰艺术派(Art Deco)的形成起到重要铺垫作用。这种风格最显著的特点是使用优美的带有流动感的有机形态,如鲜花、藤蔓和卷曲的叶子等。新艺术运动在很大程度上只停留在形式革新的层面。

[5] 红砖
将黏土用水调和后制成砖坯,放入砖窑中高温煅烧,因为黏土中含有铁元素,在烧制过程中完全氧化后呈红色。从中世纪起,欧洲开始广泛使用红砖作为砌筑材料。还有一种青砖,它和红砖在烧制方法上有所不同。由于在砖烧制过程中加水冷却,使黏土中的铁不能完全氧化,因此,砖呈现青灰色。与红砖相比,青砖的制作工艺更为复杂。青砖是中国特有的传统建筑砌筑材料。

[6] 清水砖墙
一种砖墙砌筑方法。在砖墙面砌成后,只进行勾缝,不做其他面层。相对于外表抹灰的混水砖墙,清水砖墙对砖的质量、施工精度都有更高要求,拥有素雅的外观效果。

[7] 水刷石

一种外墙面施工工艺。将骨料（石子或石屑）与水泥加水拌和，抹在建筑物的表面，在水泥完全凝固前，用刷子刷去表面的水泥浆，使骨料半露，形成一种粗糙的质感。这种做法又称"汰石子"。

[8] 爱奥尼巨柱式

柱式是西方古典建筑中柱子、柱上檐部和柱下基座的固定组合模式。常用的五种古典柱式包括古希腊人发明的多立克柱式、爱奥尼柱式和科林斯柱式，以及古罗马人改进的混合式柱式和塔斯干柱式。柱式虽然诞生于古希腊、古罗马时代，但是把它们总结成为建筑理论，却是在文艺复兴时期。柱式的运用决定了建筑的不同风格。

爱奥尼柱式源于希腊爱奥尼地区。该柱式比例修长，象征着女性的柔美，其典型特征是柱头上有精巧的对称涡卷，柱身有圆弧形凹槽。当柱式高度通达建筑多个楼层时，被称为"巨柱式"。

[9] 古典复兴建筑

也被称作"新古典主义建筑"，这是18世纪60年代到19世纪在欧美国家中流行的一种学院派建筑思潮。这种思潮受到启蒙运动的影响，认为当时流行的巴洛克建筑和洛可可风格缺乏创造性，呼吁在建筑中体现理性主义思想，而古典建筑成为这种思潮的灵感来源。古典复兴建筑师一方面注重对古希腊建筑细部的精确考证，另一方面试图用纯粹的古典风格来展示当时君主统治下的强盛和荣耀，因此，古典复兴在欧美主要体现在国家大型公共建筑和纪念性建筑上。

[10] 孟莎式屋顶

双折斜坡的四坡屋顶，下部坡度比上部坡度更陡。屋顶上通常设老虎窗，顶层阁楼空间宽敞。这种典型的法国设计由于建筑师弗朗索瓦·芒萨尔（Francois Mansart，1598—1666）的成功使用而闻名。

[11] 巴洛克风格

17—18世纪流行于欧洲的一种艺术风格，最早出现于意大利。"巴洛克"原意是"形状怪异的珍珠"——18世纪崇尚古典艺术的人用这个词语对当时这种时髦的艺术风尚进行讥讽。巴洛克风格的建筑擅长使用曲线、变形、装饰与鲜明的色彩，追求自由、动态、神秘与富丽的视觉效果，为建筑设计开辟了新领域，对后世影响颇大。

[12] 敞廊
单侧或双侧不封闭的廊，上部有顶，可以依附建筑而建，成为过渡性的半室外空间。

[13] 拱廊
由一系列柱子支承着连续拱券形成的廊道，也称为"连券廊"。

[14] 柱廊
由以一定间隔排列并在檐部连接一体的一排或几排柱子形成的空间。柱廊可以是独立的结构，也可以是建筑的一个组成部分。

[15] 过梁
砌体建筑中，设置在门、窗等洞口顶部的横梁，用以支撑并传递上部荷载。

[16] 莨苕叶饰
一种装饰纹样，仿照地中海沿岸常见的莨苕（Acansus）叶片，其特征是叶片很大且边缘不规则。在西方古典装饰频繁使用的自然纹样中，最常见的就是莨苕叶饰，它是科林斯柱式和混合式柱式中柱头部分的特有装饰，也可以单独或结合其他纹样用于线脚、镶板等部位。

[17] 科林斯柱式
古典五柱式中的一种，源于希腊，完善于罗马，其典型特征是柱头用两层莨苕叶做装饰，像是盛满叶子的花篮。

[18] 哥特建筑
这种建筑风格流行于 11 世纪末至 16 世纪中叶的欧洲，源于法国。哥特建筑的标志性特征包括尖券、束柱、飞扶壁、肋拱、彩色玻璃窗等。"哥特"一词曾被用于特指参与覆灭古罗马的日耳曼"蛮族"之一。在文艺复兴运动时期，提倡复兴古罗马文化，因此对当时流行的反古罗马建筑风格持否定态度，称之为"哥特"加以贬斥。

[19] 哥特复兴建筑

这是 18 世纪中叶在英国兴起，19 世纪 30 至 70 年代得到蓬勃发展的一种建筑风格。受到浪漫主义思想的影响，哥特复兴建筑试图唤起人们对中世纪艺术的美好回忆与求索，从哥特建筑中提取包括尖券、雉堞、不规则烟囱、花格窗、拱檐线脚、塔楼等细部作为创作元素。在英国，这种风格也被称为"维多利亚哥特"或"新哥特"。

[20] 尖券

由两条交叉曲线形成的拱券，券顶呈尖角，流行于 12 世纪。与半圆形券相比，尖券在视觉上更加轻盈，同时在结构上也更加坚固，是哥特建筑的标志性特征之一。

[21] 拱檐线脚

又称"滴水线脚"，一种罩在门窗洞口上方的外凸线脚，用于雨水的导流。其端头通常带有装饰，多用于西方中世纪建筑。

[22] 叠涩

一种砌筑方法，用石、砖、木等材料一层层向外挑出，用以支撑上部的重量。

[23] 维多利亚建筑

指英国维多利亚女王（Queen Victoria）在位时期（1837—1901 年）的建筑。维多利亚建筑的特点是通过借鉴与吸收形成了一系列的复兴风格，在其盛期，建筑追求色彩和材料的肌理效果，从而出现大量复杂的砖砌技法和样式。对于上海近代建筑，往往将使用清水红砖墙的建筑统称为"维多利亚建筑"。

[24] 扶壁

又称"扶垛"，一种凸出外墙的墙垛，用来抵抗拱券的水平向推力。哥特式教堂中的扶壁是其外立面造型的重要组成部分。扶壁的压顶部常做成斜面，以利排水。

[25] 都铎复兴建筑

英国都铎王朝（1485—1603）时期的建筑是英国垂直式哥特建筑的最后发展阶段，也是英国住宅建筑发展的转折点，其典型特征有都铎券（一种四心券）、凸肚窗、露明木构架等。大约在 1880 年，英国兴起都铎复兴建筑，模仿都铎王朝时期的乡村建筑，其典型特征包括外墙上装饰性的露明木构架、陡峭的坡屋顶、红砖清水墙、顶上带装饰的大型烟囱以及用都铎券装饰的主入口等。

[26] 工艺美术运动
这是 19 世纪 60 年代在英国兴起的一场设计改良运动，主旨是抵抗工业化带来的同质性，反对烦琐的维多利亚风格，主张回归简朴的中世纪风格、回归传统的材料和工艺方式，力图重建手工艺的价值。这种风格主要在住宅建筑中得到了广泛尝试。自 1888 年工艺美术展览协会成立后，这项运动逐渐影响欧洲其他国家和美国，并持续到 20 世纪 20 年代。

[27] 凸肚窗
凸窗的一种，常见于建筑中间段，底层不落地，看起来像建筑凸在外面的"肚子"，并由此得名。凸肚窗可以将室内的空间向外延展，以拥有更好的光线和视野，也是立面上很显眼的造型元素。

[28] 建筑构造
根据建筑物的功能、造型和受力等情况，其各个组成部分基于科学原理选用相应材料和具体的施工做法。

[29] 建筑设备
对与建筑紧密联系并为建筑功能服务、提升建筑物理性能及使用舒适度的设施统称，包括给排水、电气、暖通空调、动力系统等。

[30] 框架结构
以梁和柱为主要构件、刚性连接成框架、用以承受建筑荷载的结构。

[31] 飞檐托饰
一种涡卷形托座，通常附加在科林斯柱式或混合柱式的檐口底部，上面有莨苕叶饰。

[32] 凸圆形线脚
一种外凸的圆形线脚，上面经常雕刻卵形与箭头或飞镖形相交替的装饰图案。

[33] 齿饰
通常在西方古典建筑檐口底面上雕刻的重复排列的方形小块体装饰,很像一排牙齿,因而得名。

[34] 花环饰
花环常与特殊的庆祝活动相联系,是荣誉的标志。由花和叶组成的花环是西方古典风格建筑中常用的装饰样式。

[35] 平券
由砌块砌筑的顶面和底面都呈平直状的券,通常用作门窗洞口的过梁。

[36] 三段式
一种构图方式。西方古典式建筑的立面常在水平向、竖直向鲜明地分成不同的三段,从而形成立面上的变化和韵律。

[37] 山花
在西方古典建筑中,正面檐部上方的三角形墙面,称为"山花",是建筑重点装饰部位。后世,山花还被广泛用在门、窗、壁龛等处的上方。在巴洛克时代,山花的形状除三角形之外,还出现了圆弧形、断裂的三角形等各种复杂的形状。

[38] 檐壁
西方古典式建筑的檐部从上到下分为三部分。最上方为檐口(Cornice),中间是檐壁(Frieze),最下方是额枋(Architrave)。檐壁高度较高,经常用浅浮雕加以装饰,是檐部中最华丽的部位。

[39] 战利品饰
源于古希腊时将战败敌人的盔甲放在树干上的做法。古罗马人在建筑物上雕刻武器、盔甲,甚至旗帜、鼓等元素,作为战役胜利的标志或纪念,后世逐渐演化成一种建筑装饰,其中使用的构成元素也更加多样化。

[40] 丰饶角
一种建筑装饰，象征着富裕和滋养。源于古希腊神话中宙斯为报答山羊的养育之恩，赋予羊角神力的故事。其造型通常是装满花朵、果实和谷物的角状容器。

[41] 托檐石
指在多立克柱式檐口底部突出的长方形石块，有时其底面是倾斜的，其样式源于木结构建筑中的梁头。

[42] 多立克柱式
古典五柱式中的其中一种，源于古希腊，是所有柱式的基础。相较爱奥尼克柱式，多立克柱式比例粗壮，是男性的代表。其典型特征是檐壁由一列相互交替的三陇板与陇间壁组成；檐口使用齿饰或托檐石；柱身有凹槽，但没有柱础。及至古罗马时期，多立克柱式通常柱身无凹槽，但有柱础。

[43] 圆花饰
常用于多立克柱式檐壁陇间壁中的一种圆盘状装饰，通常与牛头饰交替出现。

[44] 断山花
顶部或底部断开的山花，早在古罗马时期就已经出现，但在巴洛克风格建筑中开始普遍使用。断山花既可以独立出现，也可以在其开口处增加细节，从而形成复杂的组合性装饰。

[45] 拱顶石
也称"券心石"或"锁石"，是拱券顶部正中的那块楔形石块，在实际建造中，它被最后嵌入，是稳固拱券结构的关键。

[46] 里弄住宅
"里"字从"田"，划分界域之意；"弄"指"巷"或"衖"，即通道。"里""弄"二字合用，指的是以纵横巷子分割出一个个居住单元。工部局将里弄住宅翻译为"Li"house 清晰地表达了这种住宅的基本特点。里弄住宅是近代上海民居的典型代表，按其演变的顺序，大致可以分为旧式里弄、新式里弄和花园里弄。建于1872年的兴仁里是已知上海最早的里弄住宅。

[47] 凯旋门
源于罗马帝国时期,为纪念重大事件而建造的纪念性独立构筑物,位于军队行进的重要路线、城市要道和广场上。有单拱门和三拱门(由中央高大的拱门与两侧较小的门洞组成)两种形式。

[48] 桁架
由上弦杆、下弦杆与腹杆构成的一种平面格构式结构,通常由一系列的三角形单元构成。

[49] 女儿墙
在平屋顶建筑中,露出屋面以上的那部分墙体被称为"女儿墙"。女儿墙有挡水和安全的作用,有时也根据设计做出多种造型,如镂空型、城垛型等。

[50] 歇山顶
中国传统建筑屋顶形式之一,看上去像是双坡顶与四坡顶的组合。歇山顶有 1 个正脊、4 个垂脊、4 个戗脊,所以也被称为"九脊殿"。由于做法上的差异,中国南方地区的歇山顶建筑较北方四个屋角的起翘幅度更大。

[51] 内天沟
天沟是建筑屋面上用于排除雨水的沟槽。挑出外墙的天沟称为外天沟,设在外墙以内的天沟为内天沟。

[52] 弓形券
拱券的一种,其曲线是半圆形的一部分,券圆心低于拱底座。

[53] 像座
最早出现在古希腊神庙上,位于山花的顶部与下角,包括雕刻及其底座,统称为像座(Acroteria,也译为"阿克特柔")。造型通常为水瓮、棕叶丛或雕像。

[54] 文化遗产
指人类文明进程中留存下来的、具有突出的普遍价值的遗留物,包括物质文化遗产(Physical Cultural Heritage)和非物质文化遗产(Intangible Cultural Heritage)。

[55] 排盐
使用敷剂法等来降低砖石等无机材料中有害水溶性盐的含量，从而达到保护建筑材料的目的。

[56] 增强
使用硅酸乙酯类材料，对砖石等无机材料表面劣化部分进行处理，提升材料的强度和耐久性。

[57] 憎水
使用憎水材料浸渍来降低砖石等无机材料的吸水性，阻止无压力水进入其中，提高材料的抗风化能力。

[58] 四心券
由四条交叉曲线形成的券，在中心位置形成尖角，外侧两条曲线半径小，内侧两条曲线半径大。

[59] 半圆形券
也称为"罗马券"，券的形状刚好是一个正圆形的一半。

[60] 绞圈房子
又名"窖圈房""交圈房"等，是上海传统民居中的一种围合式住宅。建筑围绕院落中心展开，南北两埭（"一"字形独栋民居称为"单埭头屋"或"独埭头屋"，前后两埭房屋则分别被称为"头埭屋"和"二埭屋"）与东西厢房的屋面相互搭接成45°绞圈，连成一个整体。建筑一般为单层，有单进和多进之分，属于简化的院落式住宅。

[61] 锥形饰
多立克柱式檐壁上的细部装饰，位于三陇板和托檐石下方，呈圆锥台或方锥形。

参考文献

【1】《上海租界志》编纂委员会, 2001. 上海租界志. 上海：上海社会科学院出版社.

【2】鲍威尔, 2010. 我在中国二十五年——《密勒氏评论报》主编鲍威尔回忆录. 邢建榕, 薛明扬, 徐跃, 译. 上海：上海书店出版社.

【3】黄式权, 1989. 淞南梦影录. 上海：上海古籍出版社.

【4】霍塞, 1941. 出卖上海滩. 越裔, 译. 上海：大地出版社.

【5】静安区地方志编纂委员会, 1996. 静安区志. 上海：上海社会科学院出版社.

【6】柯蒂斯, 2011. 20世纪世界建筑史. 北京：中国建筑工业出版社.

【7】科尔, 2003. 世界建筑经典图鉴. 陈镌, 等, 译. 上海：上海人民美术出版社.

【8】克鲁克香克, 2011. 弗莱彻建筑史. 郑时龄, 支文军, 等, 译. 北京：知识产权出版社.

【9】克鲁克香克, 2020. 摩天大楼：始于芝加哥的摩登时代. 高银, 译. 北京：燕山出版社.

【10】库寿龄, 2020. 上海史（第二卷）. 朱华, 译. 上海：上海书店出版社.

【11】莱恩, 2017. 沿河行. 焦晓菊, 译. 北京：北京联合出版公司.

【12】赖德霖, 伍江, 徐苏斌, 2016. 中国近代建筑史. 北京：中国建筑工业出版社.

【13】李欧梵, 2017. 上海摩登：一种新都市文化在中国(1930—1945). 毛尖, 译. 杭州：浙江大学出版社.

【14】马尔格雷夫, 2017. 现代建筑理论的历史(1673—1968). 陈平, 译. 北京：北京大学出版社.

【15】马长林, 黎霞, 石磊, 等, 2011. 上海公共租界城市管理研究. 上海：中西书局.

【16】茅盾, 2002. 子夜. 北京：人民文学出版社.

【17】佩夫斯纳, 2004. 现代设计的先驱者——从威廉·莫里斯到格罗皮乌斯. 王申祜, 王晓京, 译. 北京：中国建筑工业出版社.

【18】裘昔司, 2012. 晚清上海史. 孙川华, 译. 上海：上海社会科学院出版社.

【19】上海市虹口区志编纂委员会, 1999. 虹口区志. 上海：上海社会科学院出版社.

【20】上海市黄浦区志编纂委员会, 1996. 黄浦区志. 上海：上海社会科学院出版社.

【21】上海市普陀区志编纂委员会, 1994. 普陀区志. 上海：上海社会科学院出版社.

【22】上海市闸北区志编纂委员会, 1998. 闸北区志. 上海：上海社会科学院出版社.

【23】唐振常, 1989. 上海史. 上海：上海人民出版社.

【24】托卡尔丘克, 2017. 白天的房子, 夜晚的房子. 易丽君, 袁汉镕, 译. 成都: 四川人民出版社.

【25】王承, 李铁, 2020. 腔调依旧老洋房. 上海: 同济大学出版社.

【26】王承, 2021. 风月沉香一条街. 上海: 同济大学出版社.

【27】伍江, 1997. 上海百年建筑史 (1840—1949). 上海: 同济大学出版社.

【28】熊月之, 1999. 上海通史（十五卷）. 上海: 上海人民出版社.

【29】薛理勇, 2019. 潮起潮落苏州河. 上海: 学林出版社.

【30】伊贝林斯, 2015. 19 世纪末—21 世纪初的欧洲建筑. 徐哲文, 申祖烈, 译. 北京: 中国建筑工业出版社.

【31】张爱玲, 1992. 张爱玲文集第四卷. 合肥: 安徽文艺出版社.

【32】张仲礼, 2014. 近代上海城市研究（1840—1949）. 上海: 上海人民出版社.

【33】郑时龄, 2020. 上海近代建筑风格（新版）. 上海: 同济大学出版社.

【34】郑祖安, 2006. 上海历史上的苏州河. 上海: 上海社会科学院出版社.

【35】作者不详, 1949. 上海市行号路图录. 上海: 福利营业股份有限公司.

致谢

在本书资料收集过程中，我得到了上海图书馆、静安区图书馆、杨浦区图书馆、上海市城市建设档案馆等单位，以及"外滩以西"公众号、"黄浦文博"公众号的帮助，也在线上得到了"黄浦保护建筑历史文化传承"微信群中诸多老师的帮助。李铁和我一起做了前期选题工作，朱毅试画了最初的建筑画，王玉萌参与了建筑调研。在撰写本书的过程中，邹勋院长、胡佳妮老师、刘寄珂老师给我讲解了历史建筑保护上的诸多技术细节，曾荆玉博士、孙健老师和黄之庆先生给我提供了资源上的支持和帮助。罗婧博士和张怡雯博士热心帮我查找历史资料，邱力立老师慷慨提供相关建筑的信息和照片。在此向他们一并表示感谢。

感谢路秉杰教授、常青教授、伍江教授和卢永毅教授在我大学学生生涯中的专业教导，他们对我建筑史观念的形成起到很重要的作用。感谢徐永利教授、刘茜教授和我在学术上的讨论以及在资料上提供的帮助。

同济大学出版社的武蔚编辑在出书过程中鼎力相助，她的专业与周到，让写书和出版的过程非常愉快，这是本人的幸运。感谢美术编辑完颖为本书版面所做的多次调整。

嘉品事务所的吕峰博士在写书过程中给予了热情支持，与他的探讨总能帮助我加深对上海近代建筑的理解。在技术上，马思吉、安飞宇、李蕊、冯祥等给予我热情指点，向他们表示感谢。

本书是在徐总、叶昊星、石正刚、陈后林、王悦山等建筑师的帮助下完成的。正是他们专业的水准与细致求真的态度让这本书的出版成为可能，在此感谢他们的辛苦付出。

由于本人学识的局限，书中难免有错误或疏漏，希望读者朋友不吝赐教。